脱定年幻想

勢古浩爾

MdN新書

044

本書は二〇一七年に刊行した『60歳からの「しばられない」生き方』（ＫＫベストセラーズ）を加筆訂正のうえ改題し、新書化したものです。随所に時事的話題が出てきますが、当時の雰囲気を伝えるため、あえてそのままにしました。また、あらたに長めの「新書版あとがき」を付しました。

まえがき

会社員をしていて六十歳までに一番しばられていることは、時間である。わたしたちは、それをほとんど意識することはなかった。勤務時間だから、九時から五時まで働くことはあたりまえだったのである。

時々、今日はだるいなあ、行きたくないなあ、と思ったり、五時までまだ三時間もあるのか、と思うときは、時間を意識したが、それでも時間にしばられているという感覚はなかったように思う（実際はしばられている）。

こういうことは、ほかにもあるのではないか。自分ではとくに意識していなくても、実際には心身をしばられている、ということが。しかし、わたしたちはもちろん、勤務時間は拘束時間でもある、ということはわかっていた。不自由だとも思っていた。だからこそ、仕事が終わって、会社から一歩踏み出したときの、あの解放感があったのである。

その時間からの解放が、定年後の最大の恩恵だといっていい。

ところが、当然、勤務時間ほどぎちぎちではないものの、その解放された毎日を、わざわざスケジュールで埋《う》めたがる人がいる。ぶらりぶらりが好きなわたしには、ほとんど理解できない。毎日、適度のストレスや緊張感があったほうが、むしろ脳の働きにとってはよい、という学者もいる。どちらを好むかは、人それぞれ、というほかはない。

もちろん、時間を拘束されているからといって、仕事を辞めるわけにはいかない。対価をもらっているからである。それに、仕事をすることは人間の条件であり、それ以上に、仕事がおもしろくて、やりがいを感じるという人も少なくないかもしれない。だが同時に、拘束されすぎて苦しんでいる人もいる。

もしも宝くじやスポーツくじBIGで五億円当たったら、いまの仕事なんかすぐ辞めてやるという人は、やりがい派よりも、はるかに多いと思われる。然《しか》り。やはり「しばられる」ことは不自由で窮屈なのだ。

好きで流行り言葉を使っているつもりで、じつはみんなが使っているから、ということがある。いまどき「ガラケー」は恥ずかしい、やはり「スマホ」じゃなきゃ、という人は見栄にしばられている（だから、「ガラケー」で十分、という人は「しばられていない」）。

ほかにもとくに意識することはないが、じつはいろんなものにしばられていることがあるのではないか。「お金がなければしあわせになれない」とか「女の一番のしあわせはやはり結婚」と思っている人は、古くて雑な一般通念にしばられている。

「友だちがいないから寂しい」とか「だれでもいいから、とりあえず付きあえる人がほしい」という人は、「孤独＝悪」という世間のくだらぬ価値観にしばられている。

「あの政党が人気らしいな」という理由だけで投票したり、「大変だ、北朝鮮からミサイルが飛んでくるぞ」と狼狽《うろた》えて避難訓練をする人は、無能な政府や無責任なメディアの言説にしばられているのである。

「友だち」に関していえば、林修や斎藤孝たちが、友だちなんかなくてもいい（いらない、といっているわけではない）、といいはじめてから、以前ほどの「しばり」はなくなりつつあるように思える。いいことだと思う。

中川学の『僕にはまだ友だちがいない――大人の友だちづくり奮戦記』（メディアファクトリー）は、「孤独だ」「友だちがほしい」と思い、涙ぐましい友だち探しをするというマンガだ。いろんな場所に「友だち」を求めて出かけるのだが、結局、「大事なのは『友だち』とか『仲間』といった言葉ではなくて、『その人と実際にどのようにかかわりを持てるか』」

ということに気付く。

当然、「友だち」ではなくても、多くの人と友好的な関係を築くことはできる。「友だち」という言葉に焦ってはいけない。こちらの自由を尊重せずに、他人を支配したがるような奴は、友だちでもなんでもない。ただの利己主義者にすぎない。

それはともあれ、六十歳になると、一応条件的には、世間のしばりの大半から自由になることができる。無理やりな社会関係が消滅するからである。

むろん、六十歳以前の人でも、仕事を除けば、心がけしだいで、さまざまなしばりからある程度自由になることは可能である。ただし、「こうすれば、こうなりますよ」というほど、人間関係も生活も人生も単純なものではない。こうすれば、お金の不安はなくなる、健康になる、人生はうまくいく、という識者がいるが、みなインチキである。

腹立たしいことに、世間の価値観や因習的な一般通念は意外と強固である。そんな世間のしばりに抗《あらが》うよりも、自分が多少我慢すればすむことだ、と考えることもないわけではない。そうすれば、あいつは変人だ、と思われることもない。しかしそれが「多少」ならいい。度を超した我慢はいけない。

大事なことは、自分で、世間の価値観や一般通念の是非を考えることだと思う。また、自分自身の見栄やプライドや世間体《せけんてい》の是非を考えることである。自分のけちくさいプライドにしばられていることもあるのだから。

「おれの運転は一番。おれは正しい。それを邪魔するやつは、煽《あお》って、停車させ、土下座させる」と得々と語るバカが実在する。考える力がノミほどもない人間だが、こういうやつは、もう一回生まれ直すしかない。いや、もう生まれてこなくていい。

ぜひ、無用で不要な「しばり」から解放されて、自由への一歩を踏み出されんことを。現実は強固だが、意外と脆《もろ》いこともある（じつはわたしも「しばり」が嫌い、という人は現実に多いからである）。そしていうまでもないことだが、人を無用かつ理不尽にしばらないように。

脱定年幻想——目次

第4章　言葉にしばられない

第5章　メディアにしばられない

第6章　人はしなくても自分はする

序章　しなければならないことの不自由

六十歳の定年で（現在は六十五歳が大勢。ゆくゆくは七十か？）会社を辞めて、とりあえず社会から降りる。最大の収穫は、時間のしばりから解放されて、なにもしなくていい自由が手に入ることである。

もちろん、なにをしてもいい自由も手に入る。しかし、実際には、なにかをしなければならないという軛《くびき》（強迫観念）からも自由な、なにもしない自由のほうがわたしにはうれしい。

定年を間近に控えた人が考えることは、「会社を辞めたら、オレなにをするかなあ」だろう。「なにもしなくていいんだ」という選択肢は最初からないようである。なにかを「する」、あるいは、なにかを「しなければならない」という観念は、わたしたちの頭に刷り込まれているのである。

どうやら、人はなにかを「しなければ」不安になるらしい。気持ちはわからないではない。なにより、無為の時間に耐えられず、なにもしていないと、人間としてダメになるのではないかという恐れがある。

わたしたちは、生まれると、そこからずっと「する」ことを求められてきた。行きたくなくても（実際、行きたくなかったなぁ）、幼稚園、小学校、中学校に行くことを強《し》いられる。

子どもたちに「強いられてる」という意識はなくても、強いられていることに変わりはない。子どもたちはそこで勉強を「する」（させられる）。運動も「する」（させられる）。各種の塾に行かされる子もいるだろう。「友だちと仲良くしなさい」「親のいうことは聞きなさい」といわれる。

これらは人間の自由を制限する悪いことだ、といいたいのではもちろん、ない。いくらなんでも、そんなバカなことはいわない。わたしたちの人生は、ひたすら「する」ことを求められた人生だった、ということを確認したいだけだ。

社会性を学び、まっとうな人間になるための規則があり、ルールがある。そのなかから子どもたちの自発的意志も育ってくる。そのために求められることは、とにかくなにかを「する」ことである。そこで「できる子」と「できない子」ができてくる。「できる子」はほめられ、「できない子」は叱咤《しった》され、激励され、蔑《さげす》まれる。

「できない子」は「したくない子」になっていく。「できる子」や「なにかをしている子」は有能と見なされ、「できない子」や「したくない子」は無能と見なされ、やがて自分でもそう思ってしまう。「君はそのままでいいんだよ」というおざなりの言葉は役に立たない（「トットちゃん」こと黒柳徹子は「君はほんとは良い子なんだよ」という言葉に救われたが）。

この単純な二分法は極端であるが、しかし有能・無能の評価じたいは、人の世でいつまでもついて回る。そして有能を中心に世の中は回る。しかたのないことである。

中学や高校を出たら働くか、大学を出てから働くかは人それぞれだが、どちらにせよ、生きていくために、なんらかの仕事を「する」ことはあたりまえである。そして、仕事をはじめると、「する」ことだらけである。よくも毎日毎日、仕事があるもんだと嫌になるほど、することがあるのである。

しかも、より早く、より手際よく、よりいいアイデアを出して働くことが求められる。会社の業績というものにしばられているからである。働く時間も決められ、時間にしばられる。社内規則でもしばられる。その代価が給料である。ただこれは契約だから、文句をいうべき筋合いのものではない。

男は、結婚を「する」。甲斐性という見栄や世間体にしばられて（「しあわせ」にしばられて、ということもあるが）、一戸建て、自家用車にしばられる。しかし世の中は自分の思い通りにはならない。こんなときになって、かつての「できる子」と「できない子」の差が出て来る。金にしばられているのである。

女も結婚を「する」。出産を「する」。彼女たちが、女は結婚や出産をして当然という社会通念（それが「女のしあわせ」）にしばられていないとはいえない。そこには多かれ少なかれ、人からどう思われるかという世間体が入っている。そして女性にとっても世の中は、男以上に思い通りにならない。

社会から降りることは（この表現は哲学者・中島義道からの借用）、これらのさまざまな世間の「しばり」から解放される絶好のチャンスである。もう、たいていのことはしてきたのである。しなかったことや、できなかったことも多々ある。

しかし、もういいではないか。世間の目を気にする歳でもない。「おれはなにをするかなあ」に、「なにもしなくてもいいのだ」という選択肢を入れていいと思う（経済的必要性がある場合は別だが）。

仕事を辞めても、お金の軛だけはついてくる。お金の軛以外のほとんどの「しばり」はすべて観念である。しばられない自由を得るためには、観念そのものを破砕すればいいのである。「おれだって、定年後はなにもしたくないよ、腐るほど金があればそうするよ」という人がいるかもしれない。それはだめな自由である。お金がないのに、自由に生きるのがいいのである。できるのか？

第1章　人はしても自分はしない

するかしないか、だけで、事の良し悪しは決まらない。なにをするかしないかで、決まる。もっとも、事の良し悪しが決まるのは、それが義務であるかどうかにもかかっている。「すべきこと」を「しなくていい」ということはない。

仕事なら、たとえめんどうでも、嫌でも、すべきことはしなければならない（社員へのお茶汲みは女性が、というのは論外）。わたしはこんな仕事をするために、この会社に入ったわけではない、とか、それは苦手ですから、という拒否は当然許されない。子どもは勉強をしなければならず、大人は税金を払わなければならない。仕事は嫌でも、やらなければ終わらない。

しかし、ここでわたしが「する」か「しない」か、でいいたいことは、私的な場面のことである。わたしは個人の自由は最大限許容されなければならないと考える。だから、する自由があれば、しない自由も認められるべきである。

だが世間では、「する」ことが大勢である。その理由は、単純に多勢がやっていることだからである。「みんなやってるじゃないか」とか「みんな持ってるよ」という理由ほど情けないものはないが（じつはみんなやってないし、持ってもいないが）、しかし世間とはそういうものである。「みんな」は強いのだ。

「みんな」がしていることを「しない」のは分が悪く、変わり者と見られる。未婚者が肩身が狭いのは、みんなが結婚をしているからであり、下戸《げこ》が肩身が狭いのは、みんなが酒を飲むからである。ゆえに、しない者は、世間（みんな）からの揶揄《やゆ》や嘲弄《ちょうろう》を払いのけるだけの、それなりの精神的強さが必要なのである。

ネットに「精神的に強い人が『絶対にしない』10のこと」（「Forbes JAPAN」二〇一七・二・一二）というおもしろそうな記事があった。どういう人か知らないが、トラヴィス・ブラッドベリー（Travis Bradberry）という人が書いたようである（El Narizという人の名前も見えるが、こちらはよくわからない）。

正体不明のブラッドベリー氏はこういっている。「精神的な強さは、全く予期していないときに起きたことによって試されるものだ。その人の精神的なタフさは、国難なときに何をするかではなく、何をしないとかいうところに明確に示される。／精神的に強い人が決してしない10のことを学べば、あなたも自分の精神力を高めることができるはずだ」

おもしろいのは、「何をしないか」が重要視されていることである。する勇気があれば、しない勇気もある、ということだ。読んでみると、とくに「困難なとき」だけというのではないが、次のような「しない」10項目が挙げられている。

1「失敗にこだわらない」

これにブラッドベリーは解説を付している。「精神的にタフな人は、自分が何に気持ちを集中させているかによって、自分の感情が左右されることを知っている。そのため、失敗に固執せず、一方でその失敗を忘れることなく、頭の片隅にとどめておく」

とはいうものの、わたしは、なぜ失敗をしたかを考えるためにも、失敗にはこだわったほうがいいと思う。毎回、「さっ、終わったことだ。切り換え切り換え」なんてことをやっていると、いつまでも向上はない。

2「ネガティブな人と付き合わない」

これは賛成である。「冷たい人、失礼な人だと思われたくないために、何かを嘆いている人の話を聞いてあげなければという気持ちに駆られることはよくある。だが、親身になって聞いてあげることと、感情的な悪循環に巻き込まれることは違う」

ネガティブな人とは身の不幸を嘆く人間以外にも、不平不満愚痴タラタラの人間のことである。周囲を不快にして喜んでいるやつである。こんなイヤな人間にはなりたくない。

できるだけ避けたほうが身のためである。

3「自分を疑わない」

これは自分を信じるということだろう。「精神力の強い人には忍耐力がある。失敗しても、疲れても、面白くないと思っても、諦めることはない」

4「謝罪を求めない」

これにもわたしは同意する。わたしは相手を責めないし、謝罪を求めない。納得できる説明があればいい。それが相手のミスや弱さからくるものでもかまわない。「強い精神力の持ち主は、非を認めずに謝らない人のことも恨まずに許す。そうすれば物事が円滑に進むことを知っているからだ。過去の恨み事や感情に『寄生』する憎しみや怒りは、今の幸せや喜びを台無しにする」

ただ、相手を「許す」ことができるかどうかは、事と次第による。

あとは、5「自分を哀れまない」。というのも「自分を哀れむことは、自らを現状に屈した無力な犠牲者だと決めつけるのと同じだ」から。6「恨まない」。なぜなら「他人を恨むことで生じる否定的な感情は、ストレス反応だ。ストレスを抱え続けることは、健康に害を及ぼす」から。

そして、7「誰の悪影響も受けない」があり（これも大事だ）、8「人のことに介入しない」――つまり「精神的に強い人は、他人を批判しない。人の能力はそれぞれに異なることを知っているからだ」があり、9は「怠けない」である。

最後の10「悲観しない」はこう解説されている。「ニュースを見れば、戦闘や攻撃、脆《ぜい》弱《じゃく》な経済、企業の破綻、環境災害など、世界は悪い方向に向かっていると思わせるようなことばかりだ。だが、精神的に強い人は、自分にはどうすることもできない事柄に心を捉われたりしない」

わたしは、これにまったく同意する。ただ不快になるだけのニュースなど、知ったところで、わたしになにかできるわけでもなく、なんの意味もないからである。

以上、いずれももっともなことである。たしかに「精神的に強い人」でなければ、常識や慣例や同調性が高い世間で、己《おのれ》を貫くことは困難なことばかりである。ただこれらの10か条は一般的かつ抽象的である。日常のなかでは、それは小さな一つひとつのことで表すしかない。

たとえば、「誰の悪影響も受けない」には、みんながやっているから、ということを理由にしないことも含まれる。ドコモのＣＭで大竹しのぶが携帯電話を持って、高齢者向けに「みんなはじめてますよ」というのがある。やかましいわ。これが「悪」影響というのではないが、商売人のなかには「みんな」という言葉で煽ってくる連中がうようよいるから、要注意である。

「みんな」がやっていることをしない、ということは案外楽ではない。余計なお世話なのに、なんでやんないの？　とかいわれてしまうのだ。「する」人間は、「しない」人間がいると、している自分が否定されているように感じ、不快なのである。だから仲間に引きずり込もうとする。それができなければ無視し、排除しようとする。

自分のルールとは「格律」

こういう「しない」十カ条が意味を持つのは、たいていの人が、いつまでも失敗にこだわり、嫌々ながらネガティブな人と付き合い、自分の言動に自信がなく、謝罪だけは求め、自分を憐れみ、他人を恨み、人に影響されやすく、そのくせ人の批判だけはし、なにをやっても三日坊主で、すぐ悲観的になりがちだからである。

わたしにもいくつかは身に覚えがある。それでも、ブラッドベリーが「～しない」ことが大事だというのは、それらにとらわれると、自分で自分をコントロールできなくなるからである。そして言い訳ばかりをするようになる。それは、他人や世間や胡乱《うろん》な感情にしばられるということだ。

人はしても自分はしない、というのは自分だけのルールである。それを「格律《かくりつ》」といったのは哲学者のカントである（なんだ、めんどうくさいことはごめんだぞという人は、次項まで飛んでください）。

かれの『道徳形而上学原論』（岩波文庫）にはこう書かれている。「実践的法則は、それが同時に行為の主観的原則（原理）となる限り、格律（Maxime）と呼ばれる」（「格率」という訳もある）。

わたしはこの「主観的原則」をさらっと単純に、自分だけのルールと覚えた。ちなみに、カントの趣旨はもっと複雑なようである。こんなことをいっている。かなりめんどくさいのだ。

「格律は、意欲の主観的原理である。これに対して客観的原理（すなわち理性が欲求能力を完全に支配していると想定されるようなすべての理性的存在者には、主観的にも実践的原理の用をなすであろうところのもの）は、実践的法則である」（傍点原文）。

この主観的原理と実践的法則の関係がよくわからない。自分でもわかっていないものを、偉そうに持ち出してきたりして申し訳ない。「格律は、行為を規定する主観的原理であり、客観的原理すなわち実践的法則から区別されねばならない」とも書かれていて、なんかめんどうである。はっきりいって、もうどうでもいい。

とりあえず、「格律は、行為を規定する主観的原理」である、ということが確認できればよい。それは、「実践的法則」でもある、と考えて、なんら不都合ではない。そしてそれを「自分だけのルール」あるいは「自分の流儀」と考えれば十分である。

ちょっと「格律」(「格率」)という言葉がかっこよく、その読みも「マキシム」ということでこれまたかっこよく、わたしは浅学の見栄でその言葉を覚えたのである。俗物なのだが、しかし「夜露死苦《ヨロシク》」をかっこいいと思うような言語感覚はない(光文社古典新訳文庫の『道徳的形而上学の基礎づけ』では、「Maxime」は、「マクシーメ」と読まれている。たぶん発音としてはこっちのほうが正しいのだろうが、わたしは「マキシム」のほうが好きなのである)。

で、わたしの俗な衒学《げんがく》趣味(大した衒学ではない)などはどうでもいいのだが、いきなりこんなめんどうなことをいいだして、申し訳ないことである(お断りしておくが、わたしは自分の学歴や浅学についてコンプレックスはない)。

大事なことは、自分だけのルールである。しかも、もっと具体的なルールである。「自分の精神力を高める」こともいいのだが、わたしがそのルールが必要だと思うのは、自分がもっと自由でいられるためにである。当然、わたしは他の人のルールも（もしその人にあるのなら）尊重する。

人がしても、自分はしない、というのは、もっと具体的で、もっと小さい場面で必要になる。たとえばサッカーの長谷部誠選手が次のようにいっているが、そのようなことである。

長谷部誠選手の自分のルール

かれは「僕は愚痴は言わないようにしている」という。これひとつだけでも立派な自己ルールである。長谷部誠はその理由をこういっている。なぜなら愚痴は「何も生み出さないし、まわりで聞いている人の気分も良くない」から。かれは、そう感じるようになった出来事を何度か体験し、愚痴をいうことは見苦しいと思ったのではないか。

こんなこともいっている。「よくお酒が入ると相手の本音が引き出せる」というが、「そういう考え方も好きじゃない。お酒の力を借りないと本音を言い合えないという関係がそもそも嫌だし、そんな状態で出てきた本音に価値を見出せない」。

長谷部は世間でいわれる俗言も避けている。インチキな人間関係もよしとしない。流行についてもおなじだ。「流行」に関心がないわけではないが、「僕の場合、一番いいと思ったものを一途に使い続ける。そうすると心が本来いるべき場所にスッと戻って、落ち着くのだ」(『心を整える。勝利をたぐり寄せるための56の習慣』幻冬舎文庫)。

長谷部は上辺《うわべ》だけのウソくさい言葉やウソくさい関係が好きではない(だれでもそうだろうが)。かれは、そのことを露骨にいうのではなく、半身だけずらして、自分はこれがいい、これでいい、という考えに忠実である。このようにいっている。

「僕は全員と信頼関係を築きながら、それでいて特定のグループに属さないというスタンスが好きだ」「便利な時代になっているからこそ、僕はITの恩恵を最小限に受けつつ、あえてアナログ的な時間の過ごし方を大事にしていきたい」「僕は昔から女性と話すのが得意ではない」

じつに好ましいではないか。自分のルールを持っている人間の清々《すがすが》しさである。女なんかこういえば簡単に落ちるよ、というような女性を舐めきった男に比べれば一万倍も好ましい。長谷部のような若者がいてくれることは、うれしいことである。

「僕は迷ったときに難しい道を選択してきた」「僕は知っている。難しい道ほど自分に多くのものをもたらし、新しい世界が目の前に広がることを」。困難な道さえ、長谷部にとっては、自分にとって最も良き道なのだ。かれはそういう生き方が好きだからである。

浦和レッズに入ったとき、長髪の茶髪にしたことがある。元藤枝東高校サッカー部監督に「何だよ、その髪型は?」といわれた。長谷部は「申し訳ない気持ち」になり、「すぐに美容院に行った。長かった髪をばっさりと切り落とし、色を黒に戻した」。

自分のルールを打ち立てるにはさまざまな動機がある。好きではないし、落ち着かない(不自由)、というのがある。美しくないし、見苦しい、というのもあるだろう。みんなに合わせようとしても、どうしてもできない。そうしようとする自分を、自分の全経験が拒否して気持ちが悪いのだ。

もし動機に理屈があるとするなら、みんなはなんとも思わないかもしれないが、それは自分の考えでは正しくない、というのもあるだろう。世間的には正しくても、自分のルールとしては正しくない、ということは、あるのである。

有吉弘行《ひろいき》とマツコ・デラックスの番組で、寿司の出前をとったら、寿司桶を洗って返すのが常識か、それとも洗わなくていいのかという問題があった。有吉は洗う派である。洗わない派の「おれの仕事じゃない」とか「洗う料金をもらっていない」という意見に対して、有吉は「出た出たホラ、客が偉いパターン」「『お客様は神様です』は店がいうんだ。

客がいうな」といった。この「客がいうな」には感心した。

こんな問題にはだれもが納得する正解がない。洗う人間は洗えばいいし、洗わない人間は洗わなければいいのである。そして、みんなそうしている。しかし、人が洗わなくても、自分は洗うという人は、それでいいのである。「オレはそれが正しいと思うし、性に合っている」と思えば、それでいい。

しかし、洗わない理由に「洗う料金をもらっていない」というのは、わたしも好きではない。逆のケースになると、こういう人間は、すぐ自分の「権利」を主張しそうな手合いのように思われるからである。

筒香嘉智選手の「野球バカ」はいや

横浜ＤｅＮＡの筒香嘉智《つつごうよしとも》選手は、一見〝昔の日本兵〟みたいな風貌だが、かれの出演した「情熱大陸」（二〇一七・二・二六）を観て、印象が一変した。意外とキレイ好きで、キャンプ中のホテルの部屋はきちんと整頓されている。かれは「部屋が汚い人は心が乱れてるんじゃないですか」という。

考えていることをメモにして何枚も壁に貼り付ける。そのなかの一枚に「今日一日が終わった時に、どのような成果を手に入れる事ができたら最も価値があるか？」というメモがある。なんだか、人間性の深さを感じさせる。それらの貼り紙で、これはクリアできたなと思ったら、メモを剥《は》がしていく。

ほほう、と意外に思ったのは、次の発言を聞いたときだ。「やっぱり野球ばっかりだと野球バカになるんで。野球じゃない部分もいろいろ感じていかないと、人として成長しないというか、深みが増していかないんで。政治のことを考えたりとか、日本がいまどうなっているのか、そういうことを常に考えていますね」

筒香は俗にいわれる「野球バカ」というのが嫌いなのだ。それは時として、野球選手にとっては最上級のほめ言葉と見なされている言葉でもある。自分から「野球」をとったら（「サッカー」でもなんでもいい）、なにもない、という選手も多い。

筒香は、こう思ったのかもしれない。多くの野球選手は、世間のほめ言葉でもある「野球バカ」という言葉に隠れているが、たいていの選手はそれをいいことに、ほんとうに世間を知らない、ほんとうの「野球バカ」じゃないか、と。

そして、みんな（他の多くの野球選手）はそれでいいかもしれないが、自分はいやだな、と思ったのであろう。そんなふうに考えるようになったのは、なにかきっかけがあったのだろうが、それがなにかはわからない。もともとそういう性格の男なのかもしれない。かれはまだ二十五歳だが、スポーツ選手にしては固定観念に寄りかからない男である。

気になったCMがある。「earth music&ecology」という会社の『幸せについて～線路沿い～』篇」というCMである。「earth……」は女子ファッションのカジュアルブランドの会社らしい。CMでは、若い女性が線路沿いを歩いている。そこに女性（歩いている本人？）の声で早口のナレーションが入る。

「人の悪口はいわない。知ったかぶりはしない。ああだこうだ言い訳はしない。自分を過大評価しない。妬《ねた》まない。自惚《うぬぼ》れない。思い上がらない。高慢ちきとかありえない。眉間にしわは寄せない。意地悪をしない。ドアは閉める。開けたら閉める。花にはキレイといってあげる。犬は撫でてあげる。笑いたいときは笑う。泣きたいときは泣く。弱きを助け強きをくじく。優しくされたことは忘れない。――わたしは幸せになれますか。なれますよね」

このCMを観たとき、ハッとした。グッときたといってもいい。人はしても自分はしない、人はしなくても自分はする、のリストである。この文章を書いた作家は、人はしても自分はしない派の人だろうか。いや、そんな女性には、ぜひしあわせになってもらいたいものである。

ちなみに、わたしの「しないリスト」はこんなところである。カラオケに行かない。嫌なことをいう人は相手にしない。権利は主張しない。断るべきことは断る。群れない。人生は不公平だと考えない。自分は理解されないとは思わない。理解されるとも思わない。卑怯《ひきょう》なことはしない。無神経なことはいわない。「さびしいでしょ」とか「傷ついた？」は絶対にいわない。行列に並ばない。一時間も行列してまで食べなければならないほどのうまいものなどない。幸せなど考えない。不平・不満・愚痴をいわない。

——わたしは全部できているか。できるようになりたいものだ。

人が持っていても自分は持たない

もう欲しいものがない。いや、前から欲しいものが少なかった。

年寄りは、子や孫のためばかりに金を使ったり、残したりせずに、またタンス貯金などせずに、社会のために金を使いきって、早く死んでいけよ、と大っぴらにいわれることはないが、じつはそういうことであろう。

早く死んでいけよ、は実行するには厳しいが、金に関してはそのとおりだと、わたしも思う。思うが、生憎《あいにく》、わたしには使うべきお金がない。一億二千万円だったか、騙《だま》されてカードを使って抜きとられたお年寄りがいたが、あるところにはあるものだと、そっちのほうに感心してしまった。

しかし、もしわたしに有り余る金があったとしても、欲しいものがほとんどない。金持ちはよくまあ二千万円の腕時計を買ったり、家にプールを作ったり、車を何台も持ったりするねえ。金持ちのワンパターンである。使い途《みち》がないのだ。

わたしが持っているものは少ない。一応、小さな家はある。車を持ったことはないが自転車はある。あとは本が少々（相当売り払った）。そんなものか。そんなわけもないが、服と靴が少々。あとはノートパソコン一台に、古いウォークマン。考えてみたがこれだけである。

時計は買ったことがない（父の形見の時計と、貰《もら》い物の腕時計は持っている）。財布を持たない。高価な衣服や靴を持っていない。ブランド品など持ったことがない（そんなもので自分の価値が上がる、なんてこれっぽっちも考えない）。ゴルフはやらない。釣りもやらない。絵を見ることは好きだが、買って飾る趣味はない。そんな金もない。

食はまったくA級でも超A級グルメでもなく、こてこてのB級グルメで十分。酒は飲まないから高い酒とも無縁。いま使っているクタクタのショルダーバッグでさえ、周囲から買い替えろといわれても、まだ使えると肯んじない。もちろん別荘なんて代物などあるわけがない。

最近「ミニマリスト」やら「断捨離」とやらが少し流行ったようだが、わたしは生まれながらの「ミニマリスト」であり「断捨離」である。しかし、エコロジストではない。弘兼憲史の『60歳からの手ぶら人生』という本がベストセラーになったが、わたしは正真正銘の「手ぶら」である。

銀行口座に金が唸っているということはまったくない。もっとも、子どもの頃からお金のない暮らしに慣れてしまったから、モノを欲しがらないようになったのか、生まれつきモノが欲しくない性格なのかは不明である。手ぶらは自由な気がする。ごてごてしたものが好きではない。Tシャツはすべて無地である。手帳は持ったことがない。

わたしが子どもだった頃、遊び道具はほとんど自分たちで作った。モノのない時代だ。竹ひごをロウソクで炙って曲げるところからはじめて、ゴム動力の飛行機を作った。紙相撲も作った。独楽も町工場で作ってもらった（芯は自分で打ち込んだ）。山の隠れ家も木や草で作った。ボール紙でピストルやライフルを作った。マンガ本も作った。ゼロから描いていく絵が好きで、本箱や文鎮を作る工作も好きだった。それらを通じて、モノを作ることのおもしろさを知ったといっていい。

　出来合いのものではなく、自分で木製の軍艦やプラモデルの飛行機を作るのが好きだった。いまでも職人たちの仕事を紹介する「和風総本家」というテレビ番組が好きなのも、宮大工や工芸職人の仕事に興味があるのも、そういうところからきているのかもしれない。

　もちろん、出来合いのモノを買うことはある。というより、ほとんどのモノが出来合いだが、モノ持ちはいいほうである。パソコンを自作する人はいるが、わたしはそこまではできない。モノをコレクションするという趣味はない。

　買ったモノは買ったとたんに、色褪《あ》せる。欲求がそこで消滅するからだ。手に入れたものは欲求の形骸である。だからまた、次のモノが欲しくなる。きりがない。自分で作るモノはその過程が楽しいのだ。この楽しみを知ると知らないでは、モノに対する姿勢が違ってくるように思われる。

　しかし自作したものも、日常で使うものならいいのだが、ただ飾るだけのものだと、自分でも始末に困る。家族からは邪魔モノ扱いされるだろう。作り終えたら、また次のものを作りたくなるのである。

金を使うところは旅くらいか。しかしそれとて国内旅行である。電車に三時間以上乗るのが苦痛だし、飛行機はもう搭乗手続きがめんどうだから、行く場所は限定される。キャリーバッグは持たない。自分でかついで走れない量の荷物は持たない。

持っているものにニコンの初級機があるが、いかんせん古くて重い。これだけは最新の軽量なものに買い替えたいのだが、ふつうのデジカメでもいいかなと思っている。しかしいまのカメラがまだ使えるとなると、買い替えるのもばかばかしい。貧乏症なのかもしれない。

いま買おうかどうしようかと、考えているのは、「中島みゆき　夜会」のDVD（全8巻）である。発売元はユーキャンで、価格は六万二四七五円。しかしブルーレイではないし、まあ買わないかな。一度観たら、あとはどこかに突っ込んだまま、というのが目に見えているからである。以前「Band of Brothers」のブルーレイ6枚組メタルボックス入りを買ったが、おなじ運命だったからである。

録画したDVDもしこたまある。これもまず観ない。昔は本の全集などを持っているだけで満足したものだが、もうそんな趣味はない。ほんとなにも買わないねえ。数日間のひとり旅も、それほど多額の金を使うわけではない。

実業家やスポーツ選手や芸能人たちが、豪邸を建て、外車を何台も持ったり、船を持っていたりする。そんなもの持ってどうするんだ、ただの見栄だろ、とわたしなんかはすぐ思ってしまうのだが、かれらは多額の金を使うことで、社会に貢献していることになるのか。

一日二十四時間、一年三百六十五日やっているショップチャンネルには、とにかくなにか買いたくてしかたがないという人が集まっているようであるが、かれらもまたわたしなんかより、よほど社会に貢献しているのかもしれない。

いらないのはモノだけではない。メシ友がいるといいという人もいるが、そんなものはいらない。なにが「メシ友」だ。歳をとっても、茶飲み友だちでいいから、異性の相手はいたほうがいい、というようなことがいわれるが、バカいっちゃいけない。なにが楽しいのだ。いまある人間関係は大事にしたいとは思うが、もう新規の人と知り合おうとは思わない。めんどうなのだ。

モノにしばられない

考えてみたら、わたしはほんの少しの好きなことや好きなものだけで生きていることに気づく。

少しの好きな食べ物、少しの友人、少しの作家・漫画家の作品、少しの音楽、少しの衣服と靴、これだけは多くのテレビ番組、少しの好きな場所、少しの旅行先、少しの店。それにこれは本意ではないが、少しの金だけで生きている。金に好きも嫌いもないが。いずれにせよ、モノの少ない暮らしにほとんど不満はない。多いことは善、少ないことは悪、という価値観がないからである。「足るを知る」とはわたしのことである。

それ以外の残余の世界にはほとんど興味がない。テレビで流される家族ドラマや恋愛ドラマ、車、携帯電話、アパレル、ゲームなどのCM、通販番組、日本の映画や芝居、何百種類あるのか知らない雑誌。イベントやらパーティやら流行りもの。すべて根をたどれば、金儲けの商売に行き着くのだろうが、ほとんど興味がない世界である。みんなが欲しがるものが欲しくないし、みんなが笑うものがおもしろくない。

自分の生活や人生に余計な不快なものを入れたくないのである。自分の頭のなかにも侵入してほしくない。

だから喫茶店では他人の大声の会話やばか笑いを聞かないためにウォークマンは必須である（ふつうの会話ならなんの問題もない）。全世界の森羅万象を一〇〇とするなら、わたしの興味あるものは〇・〇〇一パーセントぐらいではないか。

わたしが旅に関心を持ったきっかけは、堀江謙一氏の太平洋横断である。わたしが中学三年のときだった。その関心は、自転車旅行へと変わり、自転車旅行日本一周記みたいな本を読み漁《あさ》った。海外への関心も高まり、留学記にも魅かれた。

金を待たない手づくりの旅、みたいなものが好きで、一九七〇年の大阪万博のときには、大阪までの徒歩旅行に出たが、沼津あたりであっさり挫折した。その手の旅にはまったく無知で、片肩かけのバッグに革のハーフブーツで出発したところ、膝をやられたのである。

今年(二〇一七年)八月上旬、全長九メートルのヨットで、五万五千キロ、三百九十四日の単独無寄港世界一周に成功した七十六歳の立尾征男《たておいくお》氏が無事帰国した。単独無寄港世界一周は二〇〇一年につづき二度目だというが、「一言でいうと疲れました」というのが第一声。

わたしはモノには関心が少ないが、こんなニュースには惹《ひ》きつけられる。わたしなどには到底できない壮挙である。定年後に、ヨーロッパの自転車旅行をする人などに対する興味と共に、その手づくり感に満ちた旅のしかたが好きなのである。飛行機はファーストクラス、宿泊は五つ星ホテルの旅行などには、まったく魅かれない。

わたしは杉良太郎が好きなのだが、かれはこういっている。わたしみたいな人間がいくらモノは少なくていい、食べ物はB級でいいといってもなんの説得力もないだろうが、かれみたいな人間がいうと納得させられるのではないか。

「僕がいくら『食事は白いご飯に納豆、味噌汁、漬物、これさえあればいい。これに焼き魚でもついたらご馳走だよ』と言っても、まず信じてもらえない」

かれは三百万円もかかったスーツや、高価なネックレス、ブレスレット、腕時計で身を飾ったこともある。だが「何の装飾も無い、それでも光り輝くような美しさを持つ観音様を見たとき、少なからずショックを受けた。／僕は何もつけていなくても杉良太郎じゃないか。いろいろと着飾るのは、中味の無い、自分の価値もわからない人間のすることだ。そして、僕は身につけるものに対しての嗜好が完全に変わった。自分に似合っていて、着心地が良ければ、何でもいいと」（杉良太郎『いいってことよ』廣済堂出版）

ロールスロイス、ポルシェ、ベンツの500SLEも持っていた。だが「からだひとつで三台は乗れないし、福祉活動をやってる自分が、こんな贅沢をするのはいけないと、はたと気づき、全部売り払って、中古車に買い替えようと決めた」

僕は芸能界に対して、何の執着もないし、悔いもない。時期がきたら、潔くこの世界から去っていきたいと思っている。

そして、許されることなら、老後は前に書いた山奥の一軒家で暮らしたいと考えている。庭で犬やポニーを飼って、去年蒔いた種が、今年は芽が出るかな、とか、そろそろ花が咲くかなとか、四季の移り変わりを感じながら、寝起きする生活をしたい。

根はつまらない男かもしれないね。（前掲書）

たしかに、こういう欲の少ない人は、世間から「つまらない男」といわれかねない。「いい人だけど、つまんない男ね」「安全パイね」などと。だが、わたしたちは、つまらない人間たちから、おもしろい人といわれるために生きているのではない。

人がけなしても自分はほめる

人がほめても自分はほめない。世間で評判のものでも、自分がそうでないと思ったら、いいといわない。といって、なにかの集まりで、みんながおいしいといって食べているものを、うまくもなんともないよ、などと、周囲を不快にするようなことはいわない。当然である。

ただし、ウニやカキが出てきたら、おれはそれはだめなんだ、と断る。わたしが断っても、だれにも迷惑がかかるわけでもないし、それに、こんなうまいものがだめなのか、かわいそうにと、逆にかれらを喜ばせることにもなる。

逆に、人がけなしても、自分にとってよければ、けなさない。映画評や書評、食べ物などが典型的である。おなじ人間なのに、どうしてこんなに評価が正反対になるのかと不思議になるが、おなじ人間ではないのかもしれない。そう考えたほうがわかりやすい。なぜこんなに評価がちがうのかなど、考えてもしかたがない。ただの好き嫌いのちがいだ。この歳になると、理屈を考えることがもうめんどうくさい。

ほめるにしろ、けなすにしろ、言い方というものがある。人の話で興味がなくても、聞く振りはする。ピシャッと戸を立てていきなり閉めきるように、拒絶するということはしない。当然のことである。

だが、そういう人間がいないわけではない。そういう人間にかぎって、自分の話だけには夢中である。人が興味を持っているかいないか、が、まるでわからないようである。そういう人間とは付きあわなくていい、というのも歳をとった利点である。それでだめなら、もうだれからも好かれなくていい。

第2章　常識にしばられない

健康に過度にとらわれない

長く生きてなにをしたいわけでもないのだろうが、できるだけ長生きしたいと思うのは、人情なのかもしれない。わたし自身は長生きをしたいとは思っていない（いつ死んでもいい、とも思わない）が、ご長寿の方を腐すつもりはまったくない。

しかし手放しの長寿礼賛の風潮はいささか苦々しい。と思っていたら、百歳以上の人が増えすぎて、祝い金や記念品を見直す自治体が出てきたという（静岡市）。政府はすでに純銀製の銀杯をメッキに変えた。なんだ、おばあちゃん百歳おめでとう、とかいってたくせに、結局は、金の問題か。

八十七歳のボディビルをやっているご老人が（本人は自慢のつもりで、大胸筋に力を入れて締めたり緩めたりするが、所詮じいさんの体だ。わたしも意地が悪い）、目標は百二十五歳まで生きること、といって高らかに笑ったが、笑われてもなあ。

長寿への意志がここまで行くと、さすがに過剰すぎる気がする。百二十五歳まで生きることを目標とすることになんの意味があるのかと思うが、本人がそう願っているのだからしようがない（ギネスの長寿世界一狙いなのか？　どうでもいいが、ギネスはくだらないよ）。

健康が一番、とはだれでもわかっている。二十、三十代の頃は、そんなこと思いもしなかったが、六十歳も過ぎれば、そのことは痛感する。

しかし、健康という概念は曖昧である。やたら「ヘルシー」という言葉が飛び交うようになったが、病気になってしまうのは防ぎようがない。というと、いやあるよ、食事に気を付けて、あとは適度な運動だよ、といわれるのだろう。それに年二回の健康診断を受け、必要なサプリメントを摂り、年に一回人間ドックに入れば、とりあえずは一安心だ、と。

わたしがここに書くくらいだから、これらが健康のために大切らしいことはわかっている。しかしわたしも、一日三食美食をしてもかまわないとは思っていない。好き放題、暴飲暴食をしていいとも思っていない。ふつうの食事というものがあろうではないか。

あとは体力の維持である。歳をとってなにもしないと、覿面《てきめん》なのは、筋力が衰えることと、体が硬くなることである。「開脚ベター」などは無用だが、昔は両足が一二〇度ほど開いていたのが九〇度になったり、歩いていても足が頼りなく、ちょっとした駆け足も自信がなくなる。懸垂が一回もできなくなり、腕立て伏せも数回が限界になるなど愕然《がくぜん》とする。若い頃は背中で両手を組むことができたのに、いまでは太平洋くらい間があいて遠い。いつのまに、こんな体になってしまったのか。

健康一番とはわかっているが、世の人とちがうのは、そう思っていながら、わたしはそのためになにひとつしていないことである。なぜしないのか。第一番は、めんどうだから、である。二番目は「健康のため」「長生きのため」というのが気に入らないからである。

上手くなるため、強くなるため、知識を増やすため、という目的ならわかるし、意欲もある。しかし、なんなのだ「健康のため」とか「長生きのため」という目的は？　まったく胡乱《うろん》な目的ではないか。効果が見えないし、ゴールはない。必死か？　ただの気休めではないのか？　いじましすぎるのである。

といって、ラジオ体操やウォーキングやストレッチをしている人を腐すつもりはまったくない。体を動かすことは、別に「健康のため」でなくても、気分のいいことだからだ。

しかし、たかだか健康のためにわざわざお金を使うことはない。お金を使ってフィットネスクラブやヨガ教室に通わないとやった気にならない、というのはひ弱な精神である。

逆にいうと、お金を払ってどこかに通えばやった気になる（英会話などもおなじ）というのは、自分を騙す自己満足である。「高価」というのが効果あると思いたいのだろうが、そんなものはなんの保証にもなりはしない。そんなことをしないでも、ラジオ体操や腕立てや腹筋やストレッチや散歩で十分である。

高価なサプリメントを飲んでいると、効いた気になるのも同様であろう。気休めの効果はあるのかもしれないが、いったんそのループに入ってしまうと、やめることが不安になり、やめられなくなる。まったく健康不安産業の連中の企《たくら》みは、じつに巧妙なのである。

高齢になると、女性の「顔下半分のハリがなくなり不安」と決めつける。「もうあきらめるしかないのか」。いえいえ「女性はいくつになってもキレイになれる」。「上げ肌」「若見え肌」になりますよ。そのためには、こちらのクリーム。価格は一ヵ月分、五千六百五十七円。定期コースはもっとお得。――なにが「上げ肌」「若見え肌」だ。ほんとうに厚顔でずる賢い連中である。美は生まれつきだよ。

あまり健康ということにとらわれすぎて、逆にストレスを溜《た》め込んではなんにもならない。どんなに気をつけてもだめなときはだめなのだから。腹八分目の食事をして、散歩をしていればいいのではないか。

特保食品なんかまったくあてにならない。金をかけないでできることは、いくらでもあるのである。なんでも人頼みや金頼みはひ弱である。わたしはなにひとつやっていないが、もしやるのなら腹八分と散歩だけで十分である。なんの説得力もないだろうが、このことには自信がある。

お金にしばられない

「しばられない」といえば、やはり「お金」か。「世間体」とか「常識」といえば「とらわれない」という言葉が妥当だろう。「他人の評価」は「気にしない」。「小さいこと」といえば「くよくよしない」とか「こだわらない」。お金はそれらに比べて、支配度が強いのだろう。「しばられる」がピッタリである。なにしろ、しばられたら身動きがとれない。

金に苦労した経験なら、学生時代を含めて何度かした。子ども時代も家はつねに逼迫《ひっぱく》していて、金の苦労は並大抵ではなかったはずだが、親は子どもにそれを見せなかった。わたしの学生時代は、ろくな食事もしていなかった。

いまとなってはいい経験だったといえるが、金がないとほんとうに心が縮こまるのだ。あの頼りなさは情けなくて、絶望的で、生きている心地がしない。赤貧洗《せきひんあら》うが如《ごと》し、というほどではなかったにせよ、毎日は憂鬱であった。

そんなときに、お金にしばられるな、といってもなんの役にも立たない。そんなことをいっても、一円もお金が増えるわけではないからだ。金がないのは、金が増えることによってでしか解決されない。もうああいう貧乏はごめんである。

ただし、そのような状態はお金にしばられているというのとはちがう気がする。単純にお金がないだけのことである。頭のなかが、お金のことで半分以上占められてもしかたがない。働くか生活を切り詰めるしかない。しかし、頭のなかが半分以上「金が一番という価値観」で占められている場合は、金でしばられているのである。

お金にしばられている人間とは、世の中で一番大切なのはお金という価値観を持っている人である。とにかくお金が欲しい、お金を持っている人間が一番エラい、お金がなければ幸福になれない、人生の目的は大金持ちになること、といった価値観にとらわれている人間である（しかし年収が二千万円以上になると、満足度はそれほど上がらない、といわれる）。

大金持ちを羨《うらや》んでも、自分のお金は一円も増えない。それどころか、勝手にストレスを溜めるだけである。最低限、食べることができ、住むところさえあれば、金のしばりからは解放されると思うのだが。

あと五万円あればもっと生活に余裕ができるのにと思っている人は、もし五万円増えればあと五万円というにきまっている。きりがない。

お金にほんとうにしばられているのは、あれが欲しい、これも欲しいと思い、そのことに我慢ができない人間である。それを手に入れることができない自分はみじめだ、と思う人間のことである。金があることを鼻にかける人間もおなじである。十分にお金があるのに、もっとお金が欲しいと思って詐欺にひっかかるのはその手合いである。金がない人間は詐欺にかかりようがない。

最悪なのは、遊ぶ金欲しさに犯罪に手を染める輩《やから》である。かれらの頭は「お金」に支配されているのだ。価値観が幼稚で貧弱なのである。お金の呪縛から解き放たれれば、世の犯罪の大半はなくなるはずである。

お金があれば幸せになれる、なければ不幸だ、というのは金にしばられているのである。金がないのは（程度にもよるが）けっして不幸ではない。ただの貧乏である。むろん「ただの貧乏」はつらいことだが、働いて稼ぐか、我慢するしかない。「たかが金」ごときに支配されてはいけない。

わたしは気楽に、お金にしばられないこと、などといっているが、高齢者は、家族の情愛よりもお金が大事、という人のほうが多いらしい。現実に自分の生活に追われていると いうより（そういう人もいるだろうが）、将来の安心代が欲しいということなのだろうと思う。これはわかる。

お金があって一番いいことは、お金の心配をせずにすむことだ、といわれる。まあそのとおりであろう。だが一般の人間にとって、そんなことは無理である。だったら、不安そのものを別の方法で消すしかない。

わたしもお金が欲しいことは、欲しいが、たぶん人後に落ちる。むやみやたらに欲しいわけではない。もともと衣食住には、ほぼ興味がない。基本、モノにも興味がない。言い換えると、自分が気に入っているものが最小限あればそれで満足である。スニーカー一足、サンダル一足あれば五年は大丈夫である。食ならランチは八百円まで、夕食は千円以内でいける。酒代は不要。タバコ代は必要。あとは年に二回ほどの国内ひとり旅ができて、コーヒー代と本代。極端にいえば、これがわたしのなんとも安上がりのモノの価値観である。

とりあえず、ここ数年は、必要最小限のお金があればいい。その数年が過ぎれば、さらにその先の数年。その数年ごと、とりあえず生き延びられればそれで十分である。金で健康と寿命は買えない。だから人は長寿だけは負けないぞ、と思うのだろうか。わたしは、頭のなかで「金」をのさばらせない。

贅沢ができない

アフガニスタンに侵略してきたソ連軍と戦った、北部同盟軍司令官で新生アフガンの国防大臣に就任したマスード（アフマド・シャー・マスード）は、二〇〇一年にタリバン（？）に暗殺された。

マスードは報復の応酬からはなにも生まれないという考えから、復讐よりも希望を与えるために、子どもの教育を重視した。北部の山村に学校をつくった。まだ貧弱だった。教師はマスードと共に戦った元兵士だ。

マスード亡きあと、日本人としてマスードと唯一親交があり、三十年にわたってアフガンを訪れている写真家の長倉洋海《ひろみ》らの協力により、土壁だけだった学校は、学校としての体裁を整えるようになった。タリバンの勢力もその村には及んでいない。子どもたちはペンとノートを喜んだ。いまではアフガンでもめずらしい男女共学。女子はみんな白い布を頭にかぶり、愛くるしい（NHK・Eテレ「アフガニスタン　山の学校の記録――写真家長倉洋海とマスードの夢」二〇一七・九・九）

長倉は子どもたちの姿を十数年間、撮りつづけた。子どもたちは家族の一員としてあたりまえのように放牧や農業や家事をしていたが、学校に通うのが楽しみだった。貧しかったが、希望だけはあった。子どもたちは、自分たちがなぜ写真を撮られているのか、意味がわからなかった。

その子たちもいまや町の高校生になり、学校の先生になった女子もいる。長倉はかれらに、子どもの頃の写真を贈る。かれらは恥ずかしそうに、あるいはしみじみとその写真に見入り、自分の人生を残してくれた素晴らしいプレゼントだと喜ぶ。長倉は子どもたちから「オマール」と呼ばれ、現地語による会話にはなんの支障もない。

もちろん、たった一時間のテレビ番組から判断できることではない。しかし、なぜこの子たちはこんなに生き生きとして、かわいいのだろうかと思った。余計な雑味がまったく感じられないのだ。

わたしたちの目から見ると、かれらの生きている場所はどうしようもなく貧しい。生活には「贅《ぜい》」がないどころか、必要なものさえないように見える。しかし、その必要はわれわれが考える必要で、かれらにはその意識すらない。

必要なものがあろうとなかろうと、かれらはそのなかで生きていくしかない。かれらには良い交遊があり、勉強をする意欲があり、希望がある。じつに気持ちのいい美しい番組だった。

日本人が戦後目指したのは、豊かな生活である。目標とされたのは六十年代のアメリカ人の、大きな家と、大きな冷蔵庫、パンと牛乳の食事、テレビ、車、明るい服といった生活である。そしていまや、わたしたちはそれらのすべてを手に入れている。それどころか、いたるところに「贅」が溢《あふ》れている。歳をとっても、豊かな老後のため、といわれる。

だが、物質的に豊かな生活ははたして豊かな人間をつくるのか。それとも豊かな人間など、どうでもいいのか。アフガンの子どもたちを見て、貧しいということは、もしかしたら人間を成長させるための条件ではないのか、とわたしは思ったのである（だが片方で、貧困ゆえに子どもが身売りする国がある）。

豊かな生活を人間が目指すのはとめようがないことである。しかし豊かな生活のなかにも、清貧の心（嫌な響きかもしれないが）だけは持っていなくてはならない、という気がする。これは誤解されやすい言い方だし、なんの役にも立たないけれども。

この番組を観た翌日、わたしの住む町の駅前で市民フェスがあった。偶然見かけた。浴衣を着た女子高生たちが歌ったり、アイドルが着るようなミニスカートのきらびやかな衣装をお揃《そろ》いで着た女子小学生たちが音楽に合わせて踊ったり、女子園児たちもまた揃いのコスチュームに身を包んで踊った（なんで女子ばかりなのか?）。彼女たちはこの日のために、相当練習をしたにちがいない。日本ではあたりまえの光景である。演者の子どもたちの家族なのか、観客の多くの大人たちがカメラで写真を撮っている。

アフガンの山村の少女たちが、この様子を見たら、彼女たちもきらびやかな衣装に目を奪われ、自分も着てみたいと思うのだろうか、と考えた。そうとも思えるし、そうでないかもしれない。生活が便利になり、楽になることはいいことである。いまでもその村にお金は必要である。しかしお金が必要ということと、金にしばられることはおなじではない。贅肉は外から見える。自分でもその無様さは自覚できる。が、自覚していても、その状態に慣れたり、諦めたりして、なんとも思わなくなる。そのことよりも、もっと醜いのは心の贅肉である。これは外からは見えないし、自覚もしにくい。

家族にしばられない

おいしいおにぎりを作るコツは、ごはんをギュッと固くにぎらずに、フワッと軽くにぎることだと聞いたことがある。寿司店すきやばし次郎の次郎さんがにぎるシャリは（その店の職人さんもおなじだろうけど）、なかに空気が入ってフワッとにぎられている、とテレビで観たことがある。人気のおにぎり屋の女将さんもおなじことをいっていた。

わたしは家族も、そんなフワッとしたおにぎりみたいな家族がいいのではないか、と思っている。これでもかとにぎり固められたものではなく、噛《か》めばホロッと崩れるような、それでいて常態としては軽く形を成しているような家族である。そして案外、おれんとこはだいたいそんな感じだよ、つかず離れずかな、という家族が多いのではないかという気がする。

「家族の絆《きずな》」といい、「家族に支えられた」といい、「家族が一番」という。そのとおりだろうと思う。最終的に信じられるものは家族だけ、ということであろう。

あるテレビ番組で、こういう父子を観た。これまで一度も優勝したことがないうだつの上がらないプロの社交ダンス家の父親が、小学生の息子に、今度は勝てそうな気がするから、大会を見にこないかと誘う。しかし息子は行かない。

テレビスタッフに、なぜ行かないのかと訊《き》かれると、かれは涙を流しながら「子どもでも、目の前で父親が負ける姿を見るのは悔しいんだよ」といった。信じられないほどいい息子だった。父はやはり勝てなかった。こういう感情になれるのは、家族ならではだろう。

しかしこれはけっして家族の普遍的な姿ではない。「家族の絆」が「家族の鎖」になる姿は世にありふれている。子を支配する親もめずらしくはない。男親だけではない。女親もおなじである。

両腕に入れ墨をした（ファッションタトゥーか？）若い母親が、男言葉で怒鳴りながら自分の子どもの頭を叩いていたのを、たまたま目撃した。思わず、その女の顔を見てしまったよ。ウニみたいな顔をしていた。

家族は一律には語れない。油に投じられた天ぷらの衣が鍋全体にパッと散り広がるように、バラバラの家族もあるだろう。

自分の家族さえよければ、という気持ちはどの家族にもあると思われる。正直にいえば、わたしにも、ある。これはたしかに「家族エゴ」ではあろうが、最終的には、そのことはやむを得ないことである。しかし、それが露骨になるとさすがに醜いといわざるをえない。

よほど切羽詰まった状況にならないかぎり、家族は一応の節度や他人への配慮を持っているものである。「家族エゴ」もそうである。つねにそのエゴを垂れ流しているのは、ただのバカ家族である。

混んだ電車で、自分はいいが、妻や子どもには座らせてやりたいと思うのは、当然の感情である。父親としてのメンツということだってある。

だがそれが、他人の家族を押しのけても、となると、やりすぎである。もし座れなくても、ちょっとの間、我慢すればいいだけのことだ(長時間となると別だが)。しかしそれでも、人を押しのけて自分の家族だけの安楽を確保したやつの満足気な顔が、小面憎《こづらにく》い、ということはある。そんなやつにろくな人生はない。

六十歳にもなれば、先の、涙を流した少年のような子どもはもういない。多くは三十代、四十代の息子や娘であろう。代わりにいるのが孫だが、わたしに孫はいない。世のじいさんばあさんたちが、孫にどう接しているのか、わたしにはわからない。

「わたしはイクジイをやってますよ」と書いている本なら読んだ。平気で「イクジイ」と書く言語感覚の鈍感さに驚いた。流行《はや》り言葉には要注意だ。知っているのはそれくらいである。それ以外で聞こえてくるのは、年寄りに金を出させようと画策する商売人たちの鼻息の荒さだけである。

「お盆玉」なる言葉ができた。お盆に帰省してきた孫にお金をやるというのである。わざわざ来てくれてありがとね、ということなのだろうか。当然、孫が小学校に上がる年になると、ランドセルを買ってやらなければならない。

いつの間にか、それは祖父母の役割になってしまった（させられてしまった）ようである。というのも、シックス・ポケッツ（六個のポケット）なることが商売人のなかでいわれており、父母（二個のポケット）のほかに、両祖父母（四個のポケット）の金が狙われているからである。まったく油断も隙もあったものではない。

もう外堀は埋められてしまった。孫のためには金を出さなければならない。父母（自分の息子や娘）も最初からあてこんでいるのである。また、そのことが祖父母にとっては、頼りにされている、自分にもできることがある、とうれしくもあるのだろう。もう大きくなった娘や息子のためにしてやれることは、少ない。そんなことならお安い御用だ、と思ったとしても、祖父母を甘い、と責めることはできない。

「子孫に美田は残さず」というのは西郷隆盛の遺訓である（正しくは「児孫のために美田を買わず」『西郷南洲遺訓』岩波文庫）。これは遺訓のひとつ（遺訓六）ではあるが、西郷は他人にもそうせよ、といっているわけではない。自分はしない、といっているだけである。そしてもし、自分がこの言葉を裏切るようなことをすれば、自分を見限ってくれ、と書いている。

それはひとつの見識である。美田もなにもないわたしなどは最初から論外だが、残せる人は残していいのではないか、と思う。だれもが西郷のようになれるわけではない。ましてやいまの時代、息子や娘たちも厳しい生活をおくっている者は少なくない。

しかしうちのじいちゃんばあちゃんは余裕がなさそうだ、とわかる息子や娘は、そのことを察しなければならない。祖父母が孫にお金を使うのは当然、と考えているような子どもはただのバカ息子・バカ娘である。家族によってしばられてはいけないが、家族をしばってもいけない。

ついでだが、西郷隆盛はこういっている。「人材を採用するに、君子小人《しょうじん》の辨酷《べんこく》に過ぐる時はかえって害を引起すもの也《なり》。其故《そのゆえ》は、開闢《かいびゃく》以来世上一般十に七八は小人なれば、能《よ》く小人の情を察し、其長所を取り之《これ》を小職に用ひ、其材芸を盡《つく》さしむる也」

十人に七、八人は小物である、といっている。わたしもその一人である。

それに比べ「万民の上に位する者、己を慎み、品行を正しくし、驕奢《きょうしゃ》を戒め、節倹を勉《つと》め、職事に勤労して人民の標準となり、下民其《そ》の勤労を気の毒に思ふ様ならでは、政令は行はれ難し」

ところが、明治新政府の要人に成り上がったものは、ろくでもない連中が多かった。

「草創の始に立ちながら、家屋を飾り、衣服を文《かざ》り、美妾《びしょう》を抱へ、蓄財を謀《はか》りなば、維新の功業は遂げられ間敷《まじき》也。今と成りては、戊辰の義戦も偏《ひとえ》に私を営みたる姿に成り行き、天下に対し戦死者に対して面目無きぞとて、頻《しき》りに涙を催《もよお》されける」

やはり、西郷隆盛は偉かった。ぜひ西郷を見習いたいところだが、やはり、だれもが西郷になれるわけではない。学を志すものは、「規模を広大に」しなければならない。

しかしそのことだけに「偏倚《へんい》」するなら「身を修するに疎《うと》」くなるので、「終始己に克《か》ちて身を修する也」。

そして、もっともよくないことは、手前勝手の自我である。「己を愛するは善からぬことの第一也。修業の出来ぬも、事の成らぬも、過《あやまち》を改むることの出来ぬも、功に伐《ほこ》り驕慢《きょうまん》の生ずるも、皆な自ら愛するが為なれば、決して己を愛せぬもの也」

自分を愛することは一番よくないことだといっている。自分だけを愛することは、と言い換えても西郷は許してくれるだろう。自分の子どもさえよければも、自分の家族さえよければ、もおなじである。

しあわせにしばられない

六十歳にもなって、いまさら「しあわせになりたい」と思っている人もいないと思うが、もしかしたらいるのだろうか。いてもいいとは思うが、多くの人は、そんなことより、気楽に生きていきたい、というあたりではなかろうか。

いやわたしは「第二の青春」を謳歌《おうか》したいとか、充実した「セカンドライフ」を楽しみたい、という人も多いかもしれない。思うのは自由だから、そちらのほうが多数かもしれない。気楽に生きたいというのは、わたしのことである。「しあわせ」という言葉（観念）は厄介な言葉だった。いままでも、これからも決着がつきそうにない言葉である。

万犬虚に吠えて、結局だれにもわからないものだから、いまでは「わたしはしあわせです」と、いったもん勝ちの言葉になってしまった。「第二の青春」も「セカンドライフ」も、おなじ運命を辿《たど》らなければいいのだが。

「しあわせになりたい」とはいわなくても、「楽しい老後を送りたい」と考えるのなら、おなじことである。それはたやすく「楽しい老後を送らなければならない」に転化する。それが「しばり」となって、そうでない自分は他の人と比べて負け老人だと思ってしまっては元も子もない。

「楽しい老後」を望むのは自然だとしても、だいたい「楽しい老後」というのがウソなのだ。老後は別に悲しくもないが、といって楽しいわけがないじゃないか。「わたしは楽しくてたまらないよ」という人がいるだろうが、いったもん勝ちでなければ幸いである。

それに世間は一々「老後、老後」とやかましすぎる。老後不安産業が煽っているだけではないのか。たしかに個人個人でいえば、老人はアパートを借りるのさえ拒否される、厳しく不安な老齢生活があるだろう。その反対に、海の見える高級介護マンションで悠々自適の生活を送っている高齢者もいる。

しかし「老後」なんて、どうでもいいのである。もちろん会話では便利だから「老後」という言葉は使う。だが、ほんとうは「老後」なんて大雑把なものはないのである。あるのは、今日という一日だけである。それなら、今日の昼に食べたラーメンと餃子はうまかったな、でいいのである。

どんなに歳をとっても、あるのは今日という日だけである。「しあわせな老後」「楽しい老後」という言葉は、中味がスカスカである。つまり、なにもいっていないに等しい。こんな言葉に振り回されることはないのである。

時間にしばられない

もはや「明日、五時からの販売会議、出てよ」の会議もない。何日からどこそこへの出張もない。同業者との会合も、海外代理店の来社も、コンピュータ会社との打ち合わせも、賀詞交換会もない。

と、ここまで書いて、いま早朝のマクドナルドの窓から見える、交通量の多い大きな交差点で、横断歩道を渡って登校する小学生たちを、五人の若いお母さんたちが、色褪せた大きな黄色い旗を持って誘導している。現在七時二十八分。お母さんたちは毎朝、時間を決めて交代でやっているのだろう。これなら、時間が決まっていて、わたしもやってみてもいいかな、と思う（ウソ。ほんとにそんな話がきたら、やりゃあせんくせに）。

さて、元に戻る。もう何日何時の創立記念パーティーも、忘年会もない。当然、九時から五時までの勤務時間もない。しばられていた時間から解放されたのだ。これだけは会社勤めが終わったことの特権である。

なのにまた、何時からの英会話や、ジムや、カラオケやゴルフなどで、時間をしばられることなど、真っ平である。中味がまるでちがうじゃないか、こっちは楽しいことばかりだといわれるかもしれないが、いや楽しくないのだわたしは。

じゃあ好きにしてろ、といわれて終わりなのだが、わたしは時間にしばられない自由は何物にも代えがたいものだと思っている。できるだけ、とらわれることや、しばられることや、気になるようなことは、避けたい。自由の敵だからである。もちろん、何日何時に、○○さんと半年ぶりに昼食、という楽しいものもあるのだが。

第3章　世間にしばられない

世間にしばられない

世間には二つの意味がある。ひとつは、一般社会の価値観（一般通念や習慣）のことである（世間的価値）。もうひとつは、その範囲が、個人から、近所や会社といった小社会、一般社会と、時々に変わることである。つまり、人は世間という言葉をその都度適当に使っていて、これが世間だというものはない。

世間の価値観の一番は、金を持っている者がエライ、である。いまはなくなったが、かつての所得番付がそうであり、いまでも世界の資産家ランキングやスポーツ選手の収入や、大企業がどれだけ儲けているかの情報や、一部の芸人がやたら他人の収入を知りたがるのは、その典型例である。

その価値観にはほかにも、会社は大きければ大きいほどエライ（そこに勤めている人もエライ）があり、学歴は高いほど上、があり、有名人はエライ、があり、人は若く見えるほどいい、があり、人は明るく賑やかなほうがいい、があり、長生きすればするほどエライ、があり、結婚は未婚より上、などがある。

わたしはこれらのほとんどに興味がない（まったく興味がない、でないのは、わたしも一応社会のなかで生きているからである）。元々、若い頃から世間の価値観にはうまくなじめなかったところがある。

もちろん、人がいい学校や大きい会社を目指し、より多い収入を望み、多くの人と交際できる人間性を持つことは、いいことである。ただそれだけが「エライ」というのが、わたしは好きではないというだけのことだ。

それに六十も過ぎれば、どんな人間も大差ないな、と思うようになる。エライとされてきたものも大したことないな、専門家といえど、ピンは少なく、大半はキリばかりではないか、とわかり、そんな世間の価値観がどうでもよくなるのである。

世間の範囲も適当である。太宰治が喝破したように、世間が許さないというのは、おまえが許さないということだろ、というように、ひとりが、あるいは数人が、ときには小集団が、あるいは一般社会が、「世間」という隠れ蓑を着たり、着せられたりして出現するのである。

常識や習俗や慣習や文化が長年にわたって混合され、曖昧模糊《あいまいもこ》とした社会的規範として出来上がったものを、一人ひとりが適当に切り取って、自分に都合のいいように「世間」を僭称《せんしょう》している。

そんな世間が無責任なことはいうまでもない。世間の口に戸は立てられない、という俗《ぞく》諺《げん》は、世間（一人ひとりの人間）はただ好き勝手をいうからである。実体はその時々で姿を変え、たしかな根拠などあるわけがないのである。

世論も世間である。世論というが世論に「論」はない。パブリック・オピニオンといってもパブリックもオピニオンもない。あるのはマスコミで流された論調に雰囲気的に乗せられたプライベートな好き嫌いだけである。まあ、それを「パブリック」というのかもしれないが。

だいたい、自分のことで手一杯の一般の人間に、安保関連法案や北朝鮮問題や原発やアベノミクスや医療制度や、その他諸々の問題について総合的判断などできるわけがない。政権支持か不支持かなど、テレビや新聞のマスコミの論調に乗っているだけである。

歳をとるにつれて、世間の流行にも興味はなくなる。世論調査や各種アンケートは、世間の傾向を知るにはそれなりに重宝だが、わたし個人としてはほとんど信じない。時に、世間の価値観に同意するのは、わたしの価値観と合致する場合だけである。

わたしは、近所や会社という小社会の世間は、半ば意図的に狭めてきたから、そうでなくても大きな世間ではなかったものが、かぎりなく小さいものになっている。現在はいかなる世間とも、ほぼ絶縁状態である。こちらから縁を切ったようなものだが。

わたしが生きている場所は、たとえば次のような小さな場所である。ひとりの世界に、世間はないのである。

小さな場所で生きる

早朝五時のマクドナルドは気持ちがいい（先にも少しふれた）。客はわたし以外、だれもいない。世界はまだ起きていない。ボックス席で外を見たり、本を読んだり、イヤホンで音楽を聴いたり、文章を書いたりする。

そこで数時間を過ごしたあと、九時開店の大きな喫煙カフェに行く。さらに気持ちがいい。タバコが喫《す》えるからだ。店内はやや民芸風。ここにもわたしは一番乗りだから、客のざわめきがまったくない。収まりのいい椅子に座ってのんびりする。

だがわたしはたいていの場合、徹夜明けである。気分は爽快なのだが、頭が多少重いのが画竜点睛《がりょうてんせい》を欠く。だから、たまに睡眠を十分とったあとに行く早朝九時の喫煙カフェは文句がない。時間の過ごし方はマクドナルドでの過ごし方とおなじだ。やがて客が三々五々入ってくる。ほとんどがひとり客である。が、みんなわりと短時間で出ていく。ただの休憩なのだろうか。わたしほど長くいる客はいない。わたしにとってこんな贅沢な時間はない。

わたしは食べることも、人と会って話すことも、旅に出ることも好きである。若い頃は好きな連中と大人数でのわいわいがやがやも嫌いではなかった（たとえば会社仲間で作った野球チームなど）。

が、いまでは、ひとりでいることと、静かさと、アイスコーヒーと、タバコと、音楽と本が一番好きなのだとわかる。自由が漂っているのだ。深夜ひとりで観る映画や、録画したＮＨＫの将棋を観る時間も好きである。

時計を持たないから喫煙カフェでどれくらい時間が経《た》ったかわからない。しかし、そろそろかなと店を出ると、ほぼ二時間が経っている。ちょうどいい。惜しむらくは、早朝の贅沢な時間も二時間ほどで終わることだ（マクドナルドとあわせればほぼ五時間）。深夜も、夜が明ければ終わる。午後に入る三軒目の喫茶店ともなると混雑してきて世間が戻ってくる。

すべては相対的である。ひとりの贅沢な時間があるのも、残余の膨大な猥雑な時間があるからである。世間があるから、ひとりもあるのだ。退職後に、毎日が日曜日になって、思ったほど天国でもないなと感じたのは、たぶん月—金のしばりの時間がなくなったからである。

毎日、仕事を終わって会社を一歩出たとたんに感じたあの解放感は、もう定年退職後にはない。土曜日の朝に目覚め、ボーッとした頭で「ああ、今日は土曜だ」とわかったときのあの安堵感もいまはない（といって、月―金はもういらないが）。

会社に勤めていたときでも、付き合うのは会社の人間か友人か編集の人たち。どっちみち小さな世間だった。それがいまではさらに狭まり、もはやテレビの画面から見る世間だけになったといっていい。もちろん、それでなんの不服もない。

そうなってみると、なにしろ一日に最低六時間はテレビを観ているものだから、まあ以前からもそうだったのだが、世間で持て囃《はや》されている大半のことが、ばかばかしく思えてならない（それでも観ているのだ）。あきらかに興味全般が薄れてきているのだろう。

もともと世間の価値観からずれたところで、生きてきたのだから、その度合いが深まっただけのことである。このまま静かな小さな場所だけで生きつづけることができればなんの文句もないのだが、そうもいかないのが世間である。

世間体は自分体である

そんな世間を気にするのが世間体である。昔は「世間体が悪い」という言葉を聞いたものだが（母がよくいっていた）、最近はあまり聞かれなくなった。世間体を気にする者より、おまえはもう少し世間に気を遣えよといいたくなるような世間無関係派が増えてきたということか。だが、世間体という言葉は消滅しかかっているにしても、人の心のなかには依然として世間が棲《す》んでいるようだ。世間の目など気にするな、といったかたちで。

こんなことをいったら（したら）どう思われるか、こんな格好をしていたらどう見られるか、こんな暮らしをどう思われるか——みじめだなとか、かわいそうにとか、さびしいんだなとか、バカなんだなとか、哀れだなとか、金がないんだろとか、ただのケチなんだとか、気が弱いんだなとか、思われるのではないか。

男らしくないとか、なにもできないとか、老けてるなとか、じじいばばあだとか、汚いとか、ハゲてるなとか、太ってるなとか、ひとりぼっちなんだとか、行くところがないんだなとか、笑われているのではないか。

すべて自分がつくりだした妄想である。そう妄想するにはそれなりの根拠がないわけではない。この社会では、こうすればこう思われるといった「世間の目」が雰囲気として作られているからである。

わたしたちは大きくなるにつれて、いつの間にか、その「目」を自分のなかに持ってしまうのである。つまり、自分もまた世の中や世の人を、その「目」で見ているのだ。世間体を気にする人は、世間の価値観を内在化しているのである。

つまり世間体とは自分体《じぶんてい》（こんな言葉はないが）である。世間体を気にするとは、実態のない世間を相手に独り相撲をとっているのである。

「ネクラ」だの「結婚適齢期」だのが世間的価値として定着すると、だれかに直接いわれなくても、そういう目で自分を見るようになる。これらは少し薄れてきたが、まだ「女のしあわせは結婚」という価値観は残存している。これを内在化してしまうと、そこから抜け出すのは容易ではない。「老いらくの恋」は善悪どちらともいえず、両義的である。

自分のなかの「世間の目」を気にするあまり、こう思われているのではないかという気持ちを抑圧し、反対に、こう思わせてやると自己アピールするものが出てくる。さり気ないものなら、まだかわいげもあるが、おれは偉い、おれは強い、おれは大物だと居丈高になるやつだと始末に困る。

世間の目を恐れて行動が委縮《いしゅく》するのも、その逆に過度なアピールになるものも、自分自身の自由のなかで生きているのではなく、世間の目のなかで生きていることはおなじである。

しかし、自分が思っているほど、世間はあなたのことを気にしていない。まったく気にしていないといってもいい。あなたのことなど、どうでもいいのである。

もし世間体を気にするのなら、それは自分が自分をしばっているのである。個人のブログやツイッターやフェイスブック事情がどうなっているのか、わたしはまったく知らないが、閲覧アカウント数が少なかったり、「いいね！」が少なかったりしてがっかりする人がいるらしい。あたりまえのことである。自分は注目されている、と思うほうがおかしいのである。

人の評価を気にしない

「人は見た目が9割」という人がいる。9割かどうかは知らないが、わたしは別段これに反対しない。ウサイン・ボルトが大人気なのは、もちろんその足の速さや外向的な性格もあるが、顔がいいということもある。タイソン・ゲイには悪いが、もしボルトがゲイみたいな顔だったらあそこまで人気が出たかどうか。

内村航平、錦織圭、本田圭佑、羽生結弦、みんなおなじである。だが、かれらはある意味、人気商売である。俳優はもう、顔が命である。美男美女でなければならないというのではない。役柄に応じてはまり顔というのも必要なのだ。

町を歩くわたしがどのように見えているのか知らない。おそらく、お笑いコンビ「いつもここから」がネタで絵に描いたような「Tシャツを着た冴《さ》えない中年男」あたりだろうと思うが、それでなんの不服もない。あたっているからだ。あるいは、そもそもどのようにも見えていないのだろう。つまり無視。こっちだね。

それにしても「いつもここから」、元気でやっているのか。わたしは「悲しいときー」のネタが好きだったのだが、暴走族ネタはなにをいってるのかわからなかったなあ。こんなこと、わたしが気にしてもはじまらないのだが。

わたしは人をその持ち物や着る物や住んでいる家で判断することはない。どんなに高価なものを持っていても興味がない。似合っているものを着ていれば、いいな、と思い、その逆に、本人は得意でも、よくそんなものを選んだね、どういう趣味なんだ、と思ってしまう。

当然、顔でも判断する。世間ではいい顔で通っていても、わたしは許さない、という顔があるものだ。嘘つけ、という顔が一番よくない。世に名高い学歴や職業や所属会社を聞いても、ほほお、と一応感心はするが、それ以上どうということはない。で、あなたの中味は？　と思ってしまうのだ。

人にどう思われているか、ではなく、はっきりと評価されることがある。試験の結果は学力の結果だからしかたがない。会社では評価の結果は出世に現れる。それは、仕事ができる、という上司からの評価によるものだが、じつはここが曖昧である。人間的にろくでもないやつが、上にあがっていくということがあるからである。

しかし、それでも多くの会社ではまだ一応の公正さが保たれているといっていい。やはり、衆目の一致するところ、という人が選ばれているはずである。でなければ到底、世間が許さない。

人が心を痛めるのは、人間関係における悪口や侮辱や見下しであろう。これがどうにもならない。すぐ反駁《はんばく》したり、笑い飛ばすことができるような気性の人なら、そもそも問題にならない。

それができないから、つい我慢してしまう。それでもほんとうは心がおさまらない。気にするなといっても、気になってしまうのだから、助言になっていない。無理やりにでも、不快さを断ち切るしかない。

我慢のしかたは大事である。我慢しすぎて、心がつぶれてしまっては元も子もない。なぜ我慢したのかを考えてみる。

事の是非はどうだったのか、自分に理はあったのか、相手にも理はあったのか、立場上の問題か、めんどうなだけだったのか、どっちみち大した問題ではなかったのか、人を巻き込むことになったからか、ただの気弱さだったのか、などなどを考え、我慢の中味を解体できるといい。

で、人間としての正しさは自分にあったのだと、納得できるのならいい。それで解体できないような問題なら、次回から我慢することはないのである。

もし直接非難されたり、批判メールやコメントが来ても、あなたが気にしているあいだに、敵はそのことを忘れてグースカ寝ているのである。かれらにとってはただの退屈しのぎか気晴らしにすぎないからである。そんなのを相手に悩むのはばかばかしいではないか。これらの批判は実体のある世間からのものだが、つまらない世間などとは最初から接触しないことが一番である。

「家にこもる父」と「不良バアさん」

一般に、じいさんは元気がなく、ばあさんは元気がいい、といわれる。いいことである。

なんだか知らないが、男はバチが当たったのである。ひとりになると、からっきし弱いのだ。バチ当たりのまま、いまだに賑やかなじいさんもたまにいるが、はた迷惑なだけである。さわらぬジジイに祟《たた》りなし。

「妻を三年前に亡くした父親が、母との思い出を払拭するかのように、早々に遺品を処分。翌年、自宅の大幅な改装まで行い、家にこもっています。どうしたらいいでしょうか」と三十一歳の息子が人生相談に投稿した。

その父親は当時「定年2年目」だったというから、現在は六十五歳くらいか。「仕事一筋で友人も少なく、地域のコミュニティーへの参加などを勧めても聞く耳を持ちません。優しく穏やかな性格ですが『いつ死んでもいい』などと口にします」。そんな「独り暮らしの父」にかける言葉がみつからない、と息子は心配している（「毎日新聞」二〇一七・八・二九）。

これでは「独り暮らし」ということ以外、「家にこもっています」という状態がよくわからない。三年間、旅行にも映画にも美術館にも行かず（そんなもの行かなくてもいいが）、友人と会ったり（別に会わなくてもいいが）、散歩にさえ行かず（行かなくてもいいが）、終日、家のなかでテレビや本を読んだりしている（あるいは庭の草花の手入れ）だけということか。

それならそれで問題はない。三年間、ほんとになにもせずにボーッとしているだけ、というのは考えにくいが、もしそうだったら、それはそれですごい。

回答者の光浦靖子は「お父様に必要なのは、仕事じゃないでしょうか」という。そして、それも「お金のために働くんじゃなくて、精神と体の健康のために働いてほしいと頼めば理解してくれるんじゃないでしょうか。それがあなたという息子のためだという理由もつければ」といっている。

そうかもしれないとは思うが、「精神と体の健康のため」に働くということに、はたして父親が意味を見出せるかどうか。難しそうである。

わたしはなんとなく、その「優しく穏やかな」人の気持ちがわかるような気がする。もう生きる意味がないと思っているのではないか。すべてがどうでもよく、自分が生きることもどうでもよくて、「いつ死んでもいい」というのはそういうことのような気がする（ただカッコをつけているだけで、まず死にはしない、とも思うが）。

本人がこのままではまずい、と気づいて、なにかに生きる「意味」を見つけ出さないかぎり、立ち直りは難しいかもしれない。光浦は「息子のため」にも、といっているが、これは「意味」になりうるかもしれないと思う。人は、自分のためには生きられなくても、人のためなら生きられる、ということがありうるからである。しかしわたしはその人ではないからわからない。

それでだめなら、その人はそのままでいくしかないし、それでいいと思う。いや、いいも悪いもない。それも人間のやむをえない一生である。老後はみんな楽しく生き生きと生きなければならない、ということはないのだ。

この「人生相談」の二日前、「『不良バアさん』元気に過ごす」という投稿を読んだ（「毎日新聞」二〇一七・八・二七）。投稿者は兵庫の八十五歳の女性（「バアさん」だからあたり前）である。

今年の夏、東京から四人の孫たちが来た。孫といってもたぶん二十歳前後だろう。かれらが口を揃えて「バアちゃんはなんでそんなに元気なの」と訊く。彼女が「大声で『不良ババアだからよ』と答えると、みんな爆笑した」

とくにおもしろくはない。それにちょっと調子に乗っている。孫たちには「不良ババア」という自虐的な豪快さがおもしろかったのかもしれない。「足は痛いが、毎日かけ回っている。病院のボランティアも20年間の総仕上げを済ませて過日終了（元看護婦さんだったのか……注）。午前中は水泳とヨガ、午後は歌（カラオケだな……注）。時には居酒屋に行き、くたくたになるまで出かける不良バアさんだ」

どこが「不良バアさん」なのかわからない（わたしの書き方が、もうイライラしていることがばれているだろうが）。孫たちにも人気で、子どもにも自慢の母親で、近所でも評判の元気おばあさんなのだろう。老後の元気印のモデルみたいな人だ。

こういう人はマスコミ受けもいい（だから投稿が採用された）。日本テレビ「1億人の大質問!? 笑ってコラえて!」の「ダーツの旅」にこんなガハハの元気なばあさん（じじいも）がよく出てくる。こういう人はほっといていいのである。

老後は「生きがいと感謝の心を持つべきだと考えている。老い支度より快適な1人暮らしを心がけたい」というのはそのとおりかもしれないが、「不良バアさん」を自称しながら、世間受けするような言葉でマトメに入ろうとしている。「生きがいと感謝の心」がわざとらしい。そんなことを自慢げに投稿することはない（と、わたしも一投稿者相手に、偉そうにいうこともない）。

わたしが共感するのは、もちろん先の父親のほうである。しかし、かれは息子に心配させてはいけないと思う。さびしい父親の姿を息子は見たくないのだ。空元気《からげんき》でもいいから、息子には元気な姿を見せてやれば、と思うが、空元気すら出ないのかもしれない。それに空元気はすぐに見抜かれるから、息子はますます悲しくなるかもしれない。やはり、なにか「意味」をみつけるほかはない。妻の写真を胸に旅に出るとか、妻との思い出を書きつづってみる、というのはだめか。だめだろうな。

「いい人」をやめない

「いい人」をやめる、ということを勧めるような本がいくつか出ている。共通しているのはたぶん、「いい人」をやめると、生きるのが楽になるということだ。和田秀樹『「いい人」をやめる9つの習慣』や、午堂登紀雄『「いい人」をやめれば人生はうまくいく』や、心屋《こころや》仁之助『「いい人」をやめてスッキリする話』などである。

ほかにも潮凪《しおなぎ》洋介『それでも「いい人」を続けますか?』だの、緒方俊雄『「いい人」をやめる7つの方法』などがある。どうやら一時期、「いい人」やめブームがあったみたいだ。これらの本は当然買うまでもないから、図書館で読もうと思っていたら、はじめの三冊がみな貸出し中。おや、人気なんだ。

ふだんなら、他人の本にふれるときは一応の仁義として、アマゾンのマーケットプレイスででも買って読むところなのだが、わたしも横着になって、いくら安くても買う気がしない。一円でも買う気がしないね。

午堂登紀雄という人にはほかに『33歳で資産3億円をつくった私の方法』なんて、タイトルからしてインチキくさい本もあり、かれの本は読まなくていいと決める。

心屋仁之助という人も、ペンネームからしていかがわしく、これまた『なんか知らんけど人生がうまくいく話』という、人を舐《な》め腐ったタイトルの本があり、これも読まないでいいなと決める（その後、『「いい人」をやめてスッキリする話』は読んだ。図書館からきたのだ。「あなたがすばらしいということは、もう『決定事項』」などとわけのわからんことが書いてあった）。

どの本も、どっちみち、だれからも好かれようとして、「いい人」を無理に演じるのはストレスになるからやめましょう、もっと気楽に生きましょう、といったことが書かれているのだろう。

そういえば曽野綾子に『敬友録「いい人」をやめると楽になる』（祥伝社黄金文庫）という本があったなと思い出し、前に読んだことがあるのだが、内容はまったく覚えていない。これが「いい人」否定本の元祖だろう。これを読めば十分だろう。もう一度読んでみるかと読んでみたら、これが曽野のいろいろな著作からの文章の寄せ集め本だったのである。そんなことも忘れていた。まあ忘れて当然である。曽野綾子はこのようにいっている。

いい人をやめたのはかなり前からだ。理由は単純で、いい人をやっていると疲れることを知っていたからである。それに対して、悪い人だという評判は、容易にくつがえらないから安定がいい。いい人はちょっとそうでない面を見せるだけですぐ批判され、評価が変わり、棄てられるからかわいそうだ。

ありそうなことだとは思えるが、考えてみるとピンとはこない。「かわいそう」ないい人とは、世間から叩かれたタレントのベッキーあたりを思い浮かべればいいのか。

この本は表題のテーマの下に書かれた本ではないから、「いい人」とはどんな人のことか、「いい人」をやめるとどんなふうに楽になるのか、などは書かれていない。わたしもそんなことは問わない。読む人間が勝手に（自由に）、「いい人」とはこんな人間のことだ、と考えればいいだけのことである。

「ふつう」が一番、てなことをいうと、かならず「ふつうってなんだよ」と突っ込む輩がいるが、自分で「ふつう」ということを考えたこともないくせに、ただ言いがかりのためだけに、いうのである。そういう連中がわたしは好きではない。

「いい人」もおなじ。わたしが考える「いい人」とは、他人への気遣いができて、公平で、いつも穏やかで、自分につかず離れずの人のことである。杜撰《ずさん》な定義だろうけど、日々を生きていく上ではこんな程度で十分である。

犯罪者が捕まると、近所の人が、いい人だったのにねえ、信じられない、といったり、被害者についても、いい人でしたよ、人に恨まれるような人じゃない、ということがよくあるが、そういう人のことである。

愛想がよく、挨拶をきちんとし、まじめに仕事をし、子煩悩な人はみんな「いい人」なのである。一言でいえば、誠実な人である。だったらこんな「いい人」やめることはないじゃないか。やめるどころか、みんなこんな「いい人」になればいいじゃないか、と思う。

曽野綾子がどんな「いい人」なのかは知らないが、自分で「いい人」をやめたといっている。自分のことを「いい人」だと思ってたんだな。なぜやめたのかというと「疲れる」からだそうだ。どういうふうに「疲れる」のかはわからない。

どうせ、他人に嫌われたくないし、だれからも好かれようとして、いいたいこともいえないとか、人のことばかりに気を遣っているとか、人に頼まれると嫌といえないとか、誘われると断れないとか、こうしたらこう思われるのではないかが心配とか、そういうことで人間関係が疲れる、ということなのだろう。

こういう人は「いい人」なのではない。ただの気が弱い人である。「他人に嫌われたくない」から、自分の本心がいえない、というのは「いい人」の条件ではない。相手の機嫌を損ねたくないし、気まずくなりたくないし、怒られたくないし、断ることで相手を傷つけたくないし、向きになって拒絶するほどのことでもないし、ただ自分が我慢すればいいだけの話だ、というのはただの性格の弱さである。

「いい人」を演じるというが、こんな人は「いい人」でもなんでもない。ただし、わたしはこのような「気が弱い人」が好きである。「いい人」だとは思わないが、恥ずべき性格の人だとは思わない。

他人から嫌われたくないのは、だれでもおなじである。そんなことをつねに意識しているわけではないが、みんな、できれば好かれたいと思っている。嫌われるより好かれていることがいいのは、あたりまえのことである。

当然、こいつはバカじゃないのか、という無神経な人間はいる。相当数いる。なぜいるのか。バカだからである。なんでもずけずけいう人間はただの無神経である。自分の意志を押しつけてくる連中は、ほんとうはあなたのことなどどうでもよく、自分の快感のことしか考えていないのだ。

問題なのは、他人に嫌われたくないために（仲間外れにされないために）、本心は嫌なのに、相手に応じてしまうことである。嫌なことやめんどうくさいことはいくらでもある。少々のことならしかたがない。しかしなかには、応じるくらいなら嫌われたほうがはるかにまし、というのもある。だから『嫌われる勇気』という本が大ベストセラーになるのである。

日本は同調圧力が強い社会である（どの社会にもあるだろうけど）。付き合えといい、酒を飲めといい、カラオケを歌えといい、社内旅行に参加しろといい、断ると何様だといい、堅いやつ、まじめなやつと陰口を叩かれ、自分がガキそのもののくせに、もっと大人になれよという。

昔に比べれば、その圧力も公にはかなり弱まってきたと思われるが、小さなグループのなかでは依然として強いのではないか。そりゃあ、気弱なあなたのほうが人間としてずっと高級である。ただ必要なのは、高級であると同時に、強さである。

「あの人、いい人ね」というのは、ほめているようで、「でも、それだけ」というように、大概つまらない人間の代名詞のように考えられている。そういう自分は大した人間でもないくせに、不良性を持ったいっぱしの人間を気取っている生意気な連中である。やらせてみれば、なにもできやしないのだ。

じゃあ、つまらなくない人間とはどんなやつなのか。笑わせてくれるおもしろい人間か。ちょっと危険な香りのする不良っぽい人間か。それこそ、ありきたりでつまらない。古くさくて、「いい人」よりはるかにつまらない。なんでもできるのは「いい人」だけである。つまり、何事にも誠実な人間である。

自分の価値観でいけばいい

曽野綾子が「いい人」かどうかは知らない。しかし、けっして気が弱い人ではない。こういうことを書いている。「頼まれたら断れない、という神経も私には昔からなかった。（略）私はどんな相手でも筋が通らなければ断る。悪く思われてもしかたがない、と初めから思っているのだ」（前掲書。以下同）

疲れるから「いい人」をやめるもへったくれもないのである。「私はいろいろなことを諦めたが、中でも割と早くから、人に正当に理解されることを諦めたのである」。曽野は十分に強いのだ。むしろ、相手のほうが疲れたのではないか。

しかし、曽野綾子の次のような感覚の敏感さには、思わず膝を打つ。「明るいということが、賛辞の一種だとなったのはいつからのことだろう。明るさは確かに救いの場合もあるが、鈍感さや、個性のなさや、無思想の代わりに使われることもある、ということを、多くの人は気づいていない」

もちろん「明るさ」じたいは悪いことではない。明るさが、賑やかなことや騒々しいことになっているのが問題なのだ。ここを勘違いしている輩は、若者だけでなくおやじにもいる。中年の女にもいる。で、賑やかな連中は、自分は明るくておもしろい人間だと思っている。しかしそんな人間、おもしろかったためしがないのだ。

曽野綾子がほんとうにいいたいのは、「いい人」をやめるとかではなく、自分の価値観を大事にして、それで生きていくようにしなさい、ということではないのか。それで疲れようが疲れまいが関係がない。自分を大事にすることが一番だからだ（西郷隆盛が批判した「己を愛する」とはちがう。「己を愛する」者は、自分さえよければいいという者である）。曽野綾子の価値観を表していると思われる一節がある。

人が「出社拒否症」や「帰宅拒否症」になるのは、簡単な理由からなのだ。
つまり原因は、ただただその人が勝手に持つことにした向上心のせいなのである。
向上心があるからこそ、職場では立派な業績を上げようと頑張り、家庭ではいい父親や知的な夫を演じようとする。だから職場は絶え間ない緊張の場所になり、家庭でも息が抜けずに疲労が重なることになる。

出世など考えず、人の侮辱も柳に風と受け流せば、職場も辛い所になりようがない。家に帰れば風呂に入って鼻歌を歌い、いそいそと飲んだくれて低俗といわれるテレビ番組を眺め、後は雄と雌になる時間を持てば、心は休まるはずであった。それができることこそ、才能というものなのである。あるいは、家に帰ってほんとうにうちこむ趣味道楽があれば、家は秘密の快楽の場所になる道理であった。（前掲書）

前半は、小説家とも思えぬ幼稚なことをいっている。「勝手に持つことにした向上心」と、向上心が否定されていることに驚く。原因と結果は、そんなに単純ではないのだが、そのことはとりあえず、いい。

「出世など考えず」以下の後半は、いいのである。たぶんこの部分は、曽野綾子の本心（価値観）だと考えていい。ここでも、そんなに簡単にいけば、人生苦労はないよ、といえる。しかし真理ではあるだろう。

曽野はこうもいっている。「今さらながら、多くの人に与えられている平凡という偉大な幸福に対して、私たちはあらためて感謝しなければならない」。

　無名であること、目立たないことは平凡である。会社員は平凡であり、サラリーマンというともっと平凡になる。コツコツと働く庶民は地味で平凡である。まじめも正直も平凡中の平凡。かたや、世間はいやらしい。不正直である。世間の人間は、ほんとうは「平凡」が一番、まじめも正直も大切と知っているのに、それらを小馬鹿にして、自分を「特別」に見せたがっているだけなのである。「いい人」と見られることを極端に恐れ、不正直者を装うのである。

　わたしはそういう小細工がまったく気に入らない。わたしはわたしの強さも弱さもわかっている。人がしても自分はしない、というのは、世間が示したがる小細工（世間の価値）に対して、わたしは自分の価値観に照らして、認めないということである。これはわたしの強さである。

　その反対の、人がしなくても自分はする、を徹底できないのは、わたしの弱さである。そして、曽野綾子の次の言葉は、その気になりさえすれば、強い弱いに関係なく、だれにでもできることだと思う。

人生の半分を生きて、これから後半にさしかかると思うと、好きでないことには、もう関わっていたくない、とつくづく思う。それは善悪とも道徳とも、まったく別の思いであった。一分でも一時間でも、きれいなこと、感動できること、尊敬と驚きをもって見られること、そして何より好きなことに関わっていたい。人を、恐れたり、醜いと感じたり、時には蔑みたくなるような思いで、自分の人生を使いたくはない。この風の中にいるように、いつも素直に、しなやかに、時間の経過の中に、深く怨むことなく、生きて行きたい。

（前掲書）

あとは、このような生き方が好きかそうでないかの問題にすぎない。世間の人も「世間」を脱ぎ捨ててみれば、ほとんどの人がこのような、嫌なことや、窮屈なことにしばられない生き方に賛同するのではないか。世間は自分自身で自分をしばっているのだ。

わたしは、といえば、わたしのいいたいことを曽野綾子が代弁してくれたのかと思うほど、「この風のなかにいるような」生き方が好きである。ぜひそうでありたい。ただし「しなやかに」という言葉は好きではない。

第4章　言葉にしばられない

言葉をだれが信じるのか

シンクロナイズド・スイミングの井村雅代コーチは厳しい指導で知られているが、選手が、強い指導には強い言葉で応えるしかないと思ったのかどうか、「死ぬ気でやります」というと、「だれも死んどらんやないか」といったそうだ。

選手はたんに覚悟や気合を示す言葉を使っただけで、もちろん「死ぬ気」などあるわけがない。井村コーチも当然そのことはわかっていて、それでも言葉の軽い使い方が気に入らないから叱った、といったところか。

ほんとうは、自分の言葉は自分をしばるものである。武士に二言はない、であり、言葉には責任を持つ、である。しかし現在そんなことをいえば、変人扱いである。堅いな、おまえは、と嗤《わら》われてしまう。

いまや国会も芸能界もウソばかり。もちろん会社も、規模の大小を問わず、おなじである。有名な大企業だから責任感が強い、なんてことはないのだ（日産は「ぶっちぎれニッサン」のCMをやめ、アディーレ法律事務所は二ヵ月間の事業停止をくらった）。

言葉は過激になり、飾られ、騙し、弁解し、ごまかし、からかい、責め、威嚇《いかく》し、乞うために使われる。たまにほめ言葉として使われるが、真意がつかめない。人を責めるときは威勢がいいが、逆の立場になると、逃げまわる。

元民進党のある女性議員は、だれがいったのか知らないが、「民進党のジャンヌ・ダルク」と持ち上げられた。民間のひとりの女性のブログを採り上げて、待機児童問題について総理大臣に舌鋒鋭く迫ったのが評価されたらしい（たぶん彼女が比較的美形という要素もあったのだろう）。しかし、彼女はただ他人のふんどしで相撲をとっただけではないか。

また男の秘書を罵倒・打擲《ちょうちゃく》した自民党の女性議員は、悪行があきらかになると、例の如く病院に逃げ込んだ。三ヵ月後、のこのこと姿を現し、「恥をさらして生きることが謝罪と責任の取り方」と勝手な理屈をいった。「生き恥」という言葉は知っていても、恥は知らないのだ。ふたりとも（元民進党の議員は不倫騒動で離党した）、証拠があるところまでは認め、あとは言葉などどうにでもなると、ただの使い捨てである。

かつて学生運動が華やかだった頃、大学の玄関には立て看板が何枚も並んだ。「断固阻止」「断固粉砕」と威勢のいい言葉が独特の太い書体で書かれていた。しかし「断固阻止」し「断固粉砕」した事実をひとつも知らない。わたしはいつも「断固粉砕」しろよ、と思った。

増田俊也の『北海タイムス物語』（新潮社）のなかに、次のような場面がある。組合運動に嫌気がさした登場人物のひとり、元北大柔道部の「松田駿太」（著者がモデルだと思われる）が、このようにいうのだ。

「言葉が浮いてるじゃないか。『不退転の決意』って言ってた組合の幹部が突然、他の新聞社に移ったりして。俺はうんざりだ。不退転て、そんなに軽い言葉か」「このあいだの組合大会でも『命がけでやる』って言ったじゃないか。満額回答得られなかったら腹を切るって言ってたろ。誰も死んでねえからな。死ねよ」

先輩が「てめえは極端なんだよ」となだめようとする。しかし松田は止まらない。「秋馬さん。新聞社といったら言葉を使って仕事をするプロ集団です。《不退転》って言うなら会社と一緒に泥船に乗ってほしいし、《死ぬ》と言ったら死んでほしい。人に《指令》を出すっていうのはそれくらい厳しいことでしょ」

わたしも松田君とまったくおなじ考えである。松田の言葉が「極端」なのではなく、「不退転の決意」だの「命がけでやる」のほうが「極端」なのである。軽々しく、「天地神明に誓って」だの「全身全霊で」など、いうものじゃないのである。

不倫騒動の締め言葉として、「一生かけて償う」という男たちもいる。そして、こっちのほうの誇大な表現は、ほめられこそすれ、批判されることはない。しょうがねえな、と見逃される。男社会だからね。

だいたい「言葉のプロ」というのが、作家であれ、新聞記者であれ、ウソくさい。どこにそんな「プロ」がいるのか。アナウンサーたちが自称するにいたっては噴飯《ふんぱん》ものでしかない。

しかし松田君やわたしのほうがおかしいのである。「断固阻止」腰砕け組がふつうなのであり、ときには、そうでなければならないのである。嫌な風潮だ。わたしは言葉だけで粋がり、強がり、景気づけ、過激ぶるのが好きではない。

だが、いまでは過激な言葉は落ち目で、もっともらしいだけの無内容な言葉が浸透している。言葉など信じられなくて当然である。しゃべる当人も信じていず、聞くほうも信じていない。信じていないのに、ある言葉が世間で流布されると、つい釣られてしまう。インチキで過激な言葉が、わたしたちの日常に出てくるのは稀《まれ》である。しかしウソやごまかしや威嚇の言葉なら、日常に蔓延《まんえん》している。もっともらしい無内容な言葉も多い。

サッカーの内田篤人《あつと》選手がこう考えるのも無理はない。「もともと言葉というものはあまり好きじゃない。（略）何かをごまかすために言葉が使われるというイメージだ」「『夢は必ずかなう』という言葉も信じていない」（『僕は自分が見たことしか信じない　文庫改訂版』

幻冬舎文庫)。かれ自身は自分の言葉に責任を持とうとしている。

個人的・私的な場面で問題になるのは、ごまかしの言葉を吐いた相手に「こういったではないか」と詰め寄ることではない(詰め寄る人間だって、大した人間ではない)。あくまでもウソをついてごまかした当人の問題である。自分がそのことをどう考え、その後どうするのか、ということだけが問題だ、とわたしには思える。

内田篤人の言語感覚は独特である。「オレ、無言が怖くないんだよね。無理に人と会話をしようとは思わない。人は見ているよ。自分から話をしなきゃいけない相手だったら、自分から話をする。しなくても時間が過ごせる人と一緒なら、無理に話をしなくてもいいじゃんって思っている。自然体でいられるなら、そっちのほうが楽でしょ」(前掲書)。

実家でもかれは「ほとんど話さない」という。「無言が怖くない」というのは大したものである。ウソやごまかしをいうくらいなら、黙っているほうがいい。

「豊かな老後」や「充実した人生」という言葉に惑わされない

自分の言葉は自分をしばる。だからできるだけ、ウソはつかないほうがいいのである。適当なこともいわないほうがいい。しかしここでいいたいことは、そのことではない。人をたぶらかそうとする、もっともらしい公の言葉に、騙されないように（しばられないように）ということである。

定年本や老後本を開けば、たいてい「豊かな生活」とか「充実した人生」とか「成長しつづける」などの、偽りの希望の言葉が書かれている。しかし、こういうもっともらしい言葉がじつはよくない。これらはだれもが望むような言葉である。そのための方法を求めて、人は本を読むのである。

だがそのなかに、なにが「豊か」でなにが「充実」なのかが書かれていることは少ない。ほとんどない、といっていい。希望を示すような言葉だけが、しばりとなってわたしたちに残るだけである（それはなにか、を自分で考える人はいるだろう）。

映画『セックス・アンド・ザ・シティ2』で、ある中年妻が夫にいう。当然、中年男である。「わたしたちはキラキラした人生を送るべきよ」と。あっちもおなじなんだな。「キラキラ」の原語はたしか「スパークリング」だったか。

なかには、老後のいまが一番楽しい、なんていう人もいる。わたしはこんなに楽しい老後をおくっている、人生は充実している、あなたもわたしみたいにこうすればいいですよ、というのだろうか。そりゃよかったね、というほかはない。

すでに見てきたが、「いい人をやめれば人生はうまくいく」という人もいる。そんなばかな。人生がうまくいく方法などどこにもないし、それを知っている人など、この世にひとりもいるはずがないのである。

人生に「こうすればこうなる」なんてことはない。それはインチキビジネス書や成功本の幼稚な手口である。だから、こうすれば金儲けができる、成功する、雑談力があがる、老後は豊かになる、人生は充実する、輝く、なんてことはないのだ。

まあ、毎日酒浸りの生活をつづければ、体を壊し、いずれ死ぬぞ、ということはあるだろうが。人生にあるのは「こうするつもり」とか「やってみせる」という意志だけである（もちろん、その意志も大半は通らない）。

すべての甘言は疑似餌である。食えたものじゃないのである。「輝く」なんてバカ言葉を使っている時点で、すでにアウトである。わたしはそんな子ども騙しのエサにだれが食いつくかね、と思うが、おいしそうなエサだと食いつく人がいないわけではない。ウソでもいいから、夢や希望を与えてくれ、と思っている人である。

ウソでもいいから、はなかろうと思うが、そんな人はいるのである。安くない金を払って本を買ったのだから、せめて夢や希望を与えろよ、本にはオレたちの知らない秘策が書いてあるものだろ、でなきゃただの買い損じゃないか、というのだろう。

「わたしは老後のいまが人生で一番楽しいよ」という人がいてもしかたがない。どういうつもりか知らないか、本人がそういうのだから、止めようがない。毎日が楽しい、充実しているよ、という人もいるだろう。そういうことをいうのはその人の勝手だし、いったもん勝ちである。

しかしそんなことなら、わたしだって、毎日充実してますよ、といえるわけである。これを読んでいるあなただって、まあおれも充実してるといえばそうかな、といっておかしくはないのである。なんだっていえるのである。

ただし、そういったからといって、なにがどうなるわけでもない。味気ない生活が、そういったとたんに楽しくなるわけではない。それに、もしかれらがほんとうに楽しい生活を送っているにしても、かれらはあなたやわたしではない。なんの関係もないのである。

本を書いている人が作家だ学者だコンサルタントだといって、人生の達人であるわけがない。そんな人間はいない。あたりまえである。かれらも自分の人生を生きるのに精一杯なのだ。

もし「豊かな生活」や「充実した人生」を送りたければ、自分でつくるしかない。一人ひとり「豊かさ」や「充実」の中味がちがうからである。あなたの人生を知っているのは、あなた以外にはいないのである。

しかしほんとうに「豊かな生活」とか「充実した人生」って、なんですかね？　言葉の綾だというのはわかるが、中味のない、ただ聞こえのいいだけの空語ではないのか。そんなものはどうでもいい、と思ったほうが、いっそすっきりするのではないか。

楠木新《くすのきあらた》の『定年後――50歳からの生き方、終わり方』という本が異例のベストセラーになったことを受けて、「『定年後』に輝くための7カ条」（『週刊文春』二〇一七・九・一四）という記事と、「大特集　定年後の常識が変わった」（『文藝春秋』二〇一七年十月号）という記事がたてつづけに出た。

定年後のなにが「輝く」わけでもないし、「定年後の常識」というものがあるにしても、そんなものは自動的に変わりゃあしません。変えるか変えないかを決めるのは、あくまでも自分である。

また、『ライフシフト――１００年時代の人生戦略』というベストセラーの影響で、早くも尻馬に乗って、これからは「人生百年だ」なんてことをいう人も出てきたが、そんなことは一個人にとっては、どうでもいいことである。かれらは売り上げを伸ばそうといろんなエサを垂らすが、われわれが、いちいちそんなものに食いつく義理はないのである。

「楽しさ」などどうでもいい

八〇年代に、「楽しくなければテレビじゃない」と勝手なことをほざいて威張っていたフジテレビが（楽しいか楽しくないかは視聴者が決めるよ）、結果、当時の年間視聴率三冠王を獲得した。

それで調子に乗ってこれでどうだ、おもしろいだろ、と自分たちだけで盛り上がってつくったのが「27時間テレビ」だった（いまでも続いている。以前に比べれば、多少ましになった）。わたしは舐めた番組をつくりやがって、と思ったが、そのフジテレビがいまや凋落《ちょうらく》した。

まあそんなことはいいのだが、いまの社会には「楽しくなければ人生じゃない」という風潮が広がっているように思われる。まるで世の中、楽しみたい、楽しもう、楽しい、楽しまなければ、楽しめ、の楽しみ五段活用（なっていないが）みたいである。そんな風潮が苦々しい。

思い返せば、子どもの頃や、若いときには、「楽しいこと」がたくさんあった。父母や兄弟たちと行った別府一泊旅行、海水浴、デパート、クリスマスのおもちゃのプレゼント、町の夏祭り、小学校での遊び、山の隠れ家作り、剣道部、学生時代の海外ひとり旅（その旅先でのレストランのアルバイト）、などなど。会社での同僚たちとの仕事も楽しかったといえるし、わたしの子どもたちが幼かった日々もそうである。

しかし、それらのことどもに「楽しい」という言葉を充てるほかはないにしても、当時は「ああ、楽しいなあ」と思ったわけではなさそうだ。ただ、心躍るよろこびやうれしさといった感覚だったのだろう。まあ「楽しかった」でもいいわけなのだが。過ぎ去ったことなのだから。

わたしも「楽しい」ことは当然好きである。だが、「楽しみたい」とか「楽しまなければ」となると、どうしてもさもしい感じがする。どうも「楽しい」という言葉は薄っぺらいのである。「人生は一度限りなんだから」という言い方もさもしいが、だから「楽しまなければ損だ」というふうになると、さもしさの二乗という気がして、黙って勝手に楽しんでいろよ、といいたくなる。

なんだか楽しさ競争をしているようでもあり、わたしだっていっぱい楽しいことはあるんだからね、というように、意地を張っているようでもある。なんでもかでも「楽しい」と公言することはあてつけがましいのだ。みんな「人生楽しまなければ損だ症候群」に陥っているようにみえる。

定年後は二十年もあるのだ、セカンドライフを大いに楽しもう、という言葉は、そのとおりではあろうが、浮ついていてウソくさい。そんなに楽しいことがあるわけないのである。そこには、せっかくの二十年を楽しむことができないものは、だめだという響きがある。それがやかましい。

「わたしは毎日楽しいよ」というじいさんばあさんがいるだろう。そういう人に、そんなわけあるまいといってもしかたがない。しかし二十歳前後の女の子でもあるまいに、いい歳をして「楽しい、楽しい」なんていうんじゃないよ、と思う。

NHKの「団塊スタイル」という番組の最終回のタイトルが「今、楽しくてたまらない！」であった（二〇一七・三・三一）。ゲストは柴田理恵と、わたしと同年の蛭子能収《えびすよしかず》。司会者がふたりに、今風に「いま一番燃えてるな、輝いているな」と思うのはどんなときですか？と訊く。たぶん台本にそう書いてあったのだろう。アホくさ。蛭子は「ボート場に行ってるとき」と、番組の趣旨を読まずに例の調子である。パチパチ。

元気なお年寄りの紹介コーナーでは、八十二歳の筋トレおじいさんが登場。かれの夢は水泳の記録で「百歳でギネスブックに載ること」である。「歳をとることが楽しみ」だという。アホくさ。七十六歳のおばあさんは子犬の服作り、七十三歳の女の人は紙粘土で人形作り、ミカンの皮で花作りをしている六十三歳おじさん、ミニチュアのフィギュア作りの七十歳おじいさん、六十五歳の男は廃材で船の模型作り、など、その他趣味に熱中している人が次々に登場する。

みんな大したものである。ほんとうにそう思う。しかし蛭子さん、終始興味なさそうで、顔が真顔になっている。それも正直でいい。まあしかし「今、楽しくてたまらない！」はなかろう。「燃えているな、輝いているな」は愚の骨頂。

おれは楽しいことないなあ、なんて自分を卑下することはない。生きてる意味がなくなっちゃったよ、と思っても、死ぬことに比べたら、まあ生きていること自体、そこそこ楽しくないこともないな、と思えればいいのではないか。

そこまでいかなくても、とりたてて「楽しいこと」がなくても、好きなこと、気分のいいこと、これはいいな、と思えることがいくつかあれば、それで十分である。わたしがそんな程度である。散歩をしながら道端《みちばた》の花の写真を撮る。大判焼きを一個買い食いする。本屋で「マドンナメイト」を立ち読みでもいいよ。

「終活」なんて言葉は意味がない

なにがバカくさいといって、「終活」という言葉ほどバカなものはない。クラブ活動が「部活」になったのは正当である。「就職活動」が「就活」なのもいい。「婚活」は「結婚活動」か。もうここでだめなのだが、まだ許せなくはない。

「妊活」とはなんだ。「妊娠活動」か。アホか。そんな言葉はない。「不妊治療」なら「妊治」だが、それじゃだめだ。「活」がないと。で、ただ「活」をつけたのだ。

「終活」にいたっては、ただ調子に乗っただけである。「終焉《しゅうえん》活動」などはない。しかしそんなことはどうでもいいのだ。「活」をつけたかっただけである。便利だし、わかるだろ、というわけである。葬儀屋の陰謀なのか。

自分の最後をどうしようか、と考えることは無駄ではないが、「終活」という言葉に踊らされて、おれもなにか考えなくてはな、と焦ることはあほらしい。エンディングノートを書き、尊厳死協会に入会し、生前墓を建てて、さてあとはなにがあるんだ？　と計画を立てておくのは、人それぞれだから、他人がとやかくいうことではない。自分らしい個性的な死を演出しようと考える人が出てきてもしかたがない。そういう人は「終活カウンセラー」なんかに世話になるのだろうか。

わたしが自分の死で考えることは、「終活」とはなんの関係もなく、たったひとつ。残る者に金銭の負担をさせないように、葬式無用、戒名不要をいっておくだけである。墓はいらない。延命治療はもちろん断る。骨の欠片を小箱に入れて、手元供養でいい（「たったひとつ」ではなかったのか）。

残りの大量の骨の処分が厄介だろうけど、なんとか処分してもらう。散骨など邪魔くさい。葬儀をケチったと人に思われないように、これは故人の意志だということをはっきりさせておく。あとはテキトーでいい。

ほんとうは手元供養もいらない。記憶として残るだけで十分である（それも死んでしまえばわからないが）。もし記憶に残してくれる人がいるとしても、その人が死ねば、そこで終わりである。なにをどうしても、人間はいずれ無になるのである。レジェンドとして名を残しても、当人にとっては無意味である。「終活」などは、商売人の言葉にすぎない。

「後悔しない人生」など浅ましい

これは公ではなく、世間の言葉だが、口を開けば「後悔したくない」とか「後悔はしていません」という。一種の流行り言葉（紋切型）になっているといっていい。まるで後悔したら、人生の敗残者になるかのような口ぶりである。

後悔など、人間である以上、して当然である。「存分に生き切る」とか「悔いのない人生」という。そんなものあるのか。もう、言葉がやかましいのである。おまけに、あつかましい。「後悔したくない」は「損をしたくない」と同義ではないか。

やたらに「楽しい」だの「幸せです」だのの勝ち言葉が蔓延しているものだから、「楽しみ競争」に負けないように、実体を言葉でごまかして強がっているのか。自分の弱みをさらしたくない、人からみじめだと思われたくない、という気持ちは、つまらないことだが、わかる。

だがそんな強がり言葉（負けおしみ言葉）だけでつねに身を守ろうとしていれば、いつまでたっても人間としての深みはできず、広がりはない。表面の強い言葉とは裏腹に、実際は現状から逃げているからである。

強がりは自分に向けられる言葉に対する、ただの反射としての言葉にすぎない。深みとは、我慢の数である。広がりとは、濁を呑み込んだ数である。

わたしが人間として深みのある人間、というのではない。そうなりたいとは思っているが、すでに道遠しである。広さもない。濁を平気な顔をして呑み込めず、狭量である。しかし、悔いて、反省したことがない人間はいつまでたっても浅いままだ、ということだけはわかる。「悔いのある人生」が正しいのだ。

スポーツ選手が、試合に負けると、だれもかれもが判で押したように「悔しい、悔しい」という。これはこれで、じつに聞き苦しい。果敢に戦ったのならまだしも、つまらぬ試合をやっておいて悔しがる資格があるのか、と思ってしまう（ああ、クライマックスシリーズで、DeNAにコケにされた広島カープよ）。

バカなリポーターが「悔しい結果となってしまいましたが……」と誘う場合もある。「自分の実力不足」です、といってケロッとしている選手も増えた。潔く負けを認める、という感じがしないのだ。無知でなにもわかっちゃいない聴き手に、もうそれ以上訊くんじゃない、という拒絶の言葉に聞こえる。負けた選手はほっといてやれよ。

人間の会話が、決まり文句だらけになってきた。もう自分の言葉で話そうなど無理な注文である。だれもそんな話は聞きたくもないのだから。その場で消えていく単音や、合いの手みたいな言葉や、囃子詞《はやしことば》が好まれる。

橋本治がこんなことを書いていて、笑わせてもらった。「私は世の中には『なんにでも平気で笑う』という種類のバカな女達がいくらでもいることを知っている」「ネジを巻いて離すと、シンバルを叩いて踊り出す猿のオモチャのように、『ウケルゥ！』のノリで両手を大きく叩き、笑い続ける女はいくらでもいる」（「ちくま」二〇一七・十月号）。

橋本治は「もう恥という概念はなくなったんだな」と思う。同感である。ただし「バカな女達」だけではない。男もおなじ。政治家もおなじ。その娘たちは、言葉も「ウケルゥ」と「ヤバイ」と「カワイイ」だけで生きていける。なんでも「ウケルゥ」でくるんでしまうから、後悔のしようもない。いまでは、人間に深みも広さも不要である。

「孤独死」という流行り言葉

孤独死という実体はある。昔からあるはずである。ひとりぼっちの高齢者もいまにはじまったことではあるまい。わたしが住んでいる近所に、静かなおじいさんがひとりで住んでいて、会えば挨拶をしたが、いつの間にか介護施設に入所したらしい。

わたしがはじめて「孤独死」という言葉を知ったのは、NHKの特集番組だったと思う。だからどうした、と思った。番組はもちろん露骨にではないが、みじめな死、人間としてあってはならない死、というメッセージを出していたように思う。だから孤独死を防ぐにはどうしたらいいか？　と。悲惨といえば悲惨、みじめといえばみじめ、哀れといえば哀れな、だれにも看取られない死。この番組を観た人の多くは、ああはなりたくないな、と思ったのではないだろうか。

孤独死がみじめなら、ではどんな死であればいいのか。五千人もの人が参列する大葬儀か。ばかばかしい。親族に看取られる大往生は幸せな死か。いったい死に、幸せな死、などあるのか。こちらは孤独死、あちらは大葬儀。世間は当然、大葬儀のほうを評価するが、そんなことは、生きている人間による「哀れな死」と「見事な大往生の死」という、死の品評にすぎない。死んだ人間にとっては、おなじである。

火葬場に行くと、ずらっと並んだ焼却炉の前で、こちらはけっこうな人数、あちらは二、三人ということがある。見送る人が数人か、かわいそうに、と思ってはならない。人数の多寡、規模の大小など、大したことではない。それに、こっちの多数はほとんどが義理、あちらは真に親密な人、ということだってあるのだから。

人間はどんな死でも死にうる存在である。わたしみたいに真の厳しさを知らず、ぬくぬくと暮らしている人間がいってもなんの説得力もないが、わたしはそう考えている。むろん、嫌な死に方というものはあるが、それをいってもどうにもならない。自殺でもしないかぎり、自分で死に方は選べないからである。

わたしはどんな死に方をしても、文句はいわない。山ほど後悔するかもしれないが、文句はいわない（いえないのはそのとおりだが、いえたとしても）。ほとんどの死は偶然であり、自余《じよ》のことは、わたしが自分で決めたことだ。孤独死という事実はたしかにあるが、「孤独死」という言葉は愚劣である。その死を見る視線も愚劣。

「自分らしい」言葉はいらないか

言葉は人間関係の根幹である。人間を信じるということは、その人間の言葉と行動を信じるということである。わたしが民進党に愛想をつかしたのは、かれらの言葉と行動がまったく適当だったからである。それまでの自民党の言動がいかにいい加減だったかは、身に沁《し》みてわかっていた。民進党はまだましだろうと期待した。ところが政権をとってみると、自民党とまったく変わらなかったのだ。

政策ができなければできないでいい。失敗なら失敗したと、正直にいえばいいのである。それをごまかした。いい繕《つくろ》い、いい逃れようとした。だいたい、期待したこっちが甘かったのである。

多少はましな議員が多いのではないかと思ったが、おなじ日本人、おなじ政治家で、民進党だけが立派な議員集団なんてこと、あるはずがなかったのである。権力を握ったのがうれしくてたまらないという連中ばかりだったのである。

野党に転落した民進党がまた立派なことをいい始めたが、もう一切信用できない。それを払拭《ふっしょく》するには何十年もかかるぞ、と思っていたら、あっさり分裂してしまった。自民党は当然だが、野党も結局は、我が身の保証と党のことが最優先で、国や国民のことは二の次ではないか。

安倍晋三首相の言葉のいい加減さはどうだ。なにが「愚直」だろうか。なにをいおうと、もう一言も信用できないのである。それもこれも、政治家たちが、言葉などどうでもなると、言葉を舐めくさった結果である。

民間のほうがまだいい、庶民のほうがまだましだ、といいたいところだが、そういいきる自信がない。われわれも政治家とおなじなのか。

言葉には「公」（組織）の言葉と「私」（個人）の言葉がある。政治家は「公」で言葉を使い、民間にも「公」がある。なにもかもほんとうのことをいうわけにはいかない、ということがあるだろう。しかし、定年で社会を降りたわたしたちには、もはや「公」はない。

「私」だけである。その分、言葉をより自由に使えるはずである。

もう、かれらのことはいい。勝手にやってくれ、と思う。どこまでこの無様な政治がつづき、その結果、この国がどうなるのか見てみたいものだが、わたしの持ち時間からして、それは叶《かな》いそうにもない。そんなことより大事なのは「私」の言葉である。言葉における信頼関係の有無がそのまま生活や人生に直結する、庶民の言葉といってもいい。

偉そうに「言葉、言葉」という者はいやらしく、口ほど大した者ではない、という事実はある。わたしは自分が「言葉のプロ」だとはまったく思っていない。それどころか、ご覧のとおりヨタヨタである。それでも、言葉は人なり、とは考えている。

ゆえに、心にも思っていないことを、見栄だけで適当にいうことができない。できるだけウソはつきたくない。粗野な言葉、嫌いな言葉は使わない。言葉は行動によって検証されるものだが、自分の姿が読者に見えないからといって、口先だけで立派なことをいおうという気もない。

若者や年寄りがどういう言葉を使っているのか、わたしは知らない。印象だけでいうと、若者は「やばい」「甘い」「かわいい」「しあわせ」「神」「マジっすか」「上から目線」「インスタ」など（「ウケルゥ」も）、わずか数語で日々の会話をまかなっているように見えるが、まさかそんなわけもあるまい。

年寄りはまったくわからない。「イクジイ」「終活」「まだ現役だよ」とか使っているのだろうか。もしかしたら「楽しみたい」は全世代の共通語になっているのではないか。かれらには、言葉の好き嫌いや、美醜の感覚はないのだろうか。

人間の大人の脳の神経細胞はだいたい百四十億個あるといわれる。わずか数語を偏愛多用したり、流行りの世間語だけで手っ取り早く会話をまかなっているだけでは、神経細胞の持ち腐れである。脳に申し訳が立たない。流行語は、言葉を使っているようで、言葉に使われているといっていい。

「自分らしく」個性的に生きたいというのなら、言葉も「自分らしく」話せばいいのに、そこはみんなとおなじのほうが安心のようである。自分でなにも考えないから、流行りの世間語で手っ取り早くすますことになる。

感情も、不快になればすぐカッとなり、大しておもしろくないことでもバカ笑いをし、つまらないことですぐ涙を流す。生まれたときのままの感情で生きていて、自分個人の文化でアレンジがなされていないのである。

神社に行ったら二礼二拍手一礼とか、蕎麦《そば》はまず塩で、なんてどうでもいいことは覚えて、人にも自慢するが、そんなことより、自分の言葉で話すようにするほうが（こういう言い方も曖昧だが）、よほど大切なことではないか、と思う。

「意味」が剥がれ落ちていく

若い頃は、意味を得るのに必死だった。またその意味の価値も盲目的に信じていた。「いい大学」や「いい会社」がそうだ。深く考えたわけではない。いずれも幼稚な動機だ。「自分とはなにか」や「生きるとはなにか」もあった。

現在でも、多くの公認された意味がある。「モテる」「カッコいい」「イケメン」「喧嘩が強い」「頭がいい」「仕事ができる」「大物」「小物」「オーラ」「レジェンド」「アイドル」「億ション」「世界的」「語学力」「ＩＴ企業」「外資系」「年収」「総資産」「売上高」。先にふれた「豊かな暮らし」や「充実した人生」や「人間的成長」もそうである。

それが会社を定年退職してから、つまり六十歳を過ぎてから、それらの意味がぼろぼろと剥がれ落ちていくのを感じるようになった。どれも大したことではないじゃないか、と思うようになるのだ。

無理に、大したことじゃない、と思うのではない。言葉だけの問題ではない。その言葉が表している中味じたいを大したことではない、と思うようになるのだ。「社会とのつながり」が切れたからだよ、といわれるかもしれないが、その言葉からして、なんにも感じない。なにが「社会とのつながり」かね、と思う。

世界のニュースにますます興味がなくなってきたのはその影響もありそうだ。大したことないじゃないか、で止まっていればまだいい。なにもかも、どうでもいいことばかりだ、という気分もないわけではないのだ。多少、虚無的。この歳になると、あまりうれしくない兆候かもしれない。

仕事だけは最後まで意味が残ると思いたいが、ほとんどの仕事はなくてもいい仕事ばかりである。ほんとうの人間の仕事といえるのは農業と医者だけではないのか、という気がする。けれど、たいていの仕事はなくていいもの、とはいえ、責任感だけは残る。それが仕事の最後の意味であろう。

ようするに、世間的価値の価値じたいがどうでもいいものになっていくのである。世間的価値といえば、お金、有名、地位であろう。人並み、あるいは人並み以上、も価値とされる。結婚、子ども、一戸建て、自家用車、正社員、長寿は、その類いの価値であろう。地位や知名度(有名)が価値とされるのは、単独の権威や権力としての価値もあるが、その多くがお金と結びついているからでもある。となると、世間的価値の一番はお金ということになりそうである。

いや、金はあるんだ、あとは権威が欲しいと勲章を欲しがる者もいるから、お金と地位は世間的価値の双璧か（資産家、というだけで満足する者もいるだろうけど）。しかし会社を辞めてしまうと、これらの諸価値が軒並みつまらないものになってしまうのである。まあ、仕事をしているときから、薄々感づいてはいたけどね。

もう、売り上げが一兆円を超えたとか、世界何位、業界何位とか、東大出身で大手商社勤務だとか、豪邸だの六本木ヒルズだのが、まったくどうでもよくなる。元々どうでもよかったが、芸能も音楽もおなじだ。もちろん、世間との付き合いがまだ少しはあるから、世間的価値を信じているフリはするけれども。残っているのはスポーツくらいか。

世間的価値が剥落し、代わりに比重が高くなるのは個人的価値である。しかし個人的価値といっても、それこそ千差万別、無数にある。世間的価値を引きずっている個人的価値もある。結局、個人的価値のなかから自分だけの価値を信じるほかはない。では、たいていの意味が剥がれ落ちて、一番最後に残る意味はなにか。

親愛なる者への愛情、といいたいところだ。そして、実際にはそれしかないのだろうと思う。しかしこんな恥ずかしいことを七十ヅラのじじいがどうしていえよう。中島みゆきの「親愛なる者へ」の歌詞で代弁してもらおうと調べてみたら、予想に反して、わたしの心情にピタッとくる詞ではなかった。残念である。

自転車に乗っていて、心地いい風が吹いてくると、ああこれだけはいいな、と思う。ウソもごまかしも言い訳も威嚇もない。なんの駄弁も掛け値もない。あるのは、ただ風が吹いているだけ。それが気持ちいい、という最低限の意味だけである。あんた、なにいってんの？　といわれて終わりだろうなあ。

元朝日新聞の論説委員で「天声人語」を担当した辰濃《たつの》和男は、「ぼんやり」という言葉も、時間の過ごし方も好きだといっている。「小さな公園のベンチでもいい。コーヒー店でもいい。鎮守の杜の木漏れ日のなかでもいい。（略）とにかく、ぼんやりを体験してみること」「いちばんいいのは風の吹きぬける静かな場所に坐り、背を伸ばし、肩の力を抜いてみることだろう。深呼吸をする」（『ぼんやりの時間』岩波新書）。

うむ。やはり、いいねえ。親愛なる者との、このような「ぼんやり」とした関係があればなおいい。ひとりなら、ひとりの「ぼんやり」を味わうだけでいい。

第5章　メディアにしばられない

知ってどうする?

昔から社会情勢や国際情勢にそれほどの関心を持ったことがなかった。せいぜい人並み程度(それで新聞社などの試験を受けたのだから笑わせる)。経済動向などまったく興味がなく、そのせいで財政や金融に関する基礎的知識がなく、いまだに無知のままである。

新聞は無条件にとるものだと思っていたから、学生時代には金もないのにとっていた。しかしスポーツ面やテレビ欄以外ろくすっぽ読まなかった。いまでもおなじようなものである。

毎朝一時間ほどかけて新聞は隅から隅まで読む、という人もいるのだろうが、喫茶店での人気はやはりスポーツ紙で、一般紙はいつも余っている。他の人もおなじなのか、と思うが、一般紙はすでに家で読んできたのかもしれない。

そんな外の世界のことより、当時のわたしにとっては、自分みたいな非社交的な人間が、この息苦しい社会のなかでどう生きていけばいいのか、ということのほうがよほど切実だった。生きてゆくのも楽じゃないからね。しかしすでに七十になったいま(これが信じられない)、そんな自分の問題なども、ほぼ消滅してしまった。

どう生きていけばいいのか、もへったくれもない。すでに人生の大半を生きてしまったのだから。その分、社会や世界のほうに目が向くようになったのかというと、まったくそんなことはない。ひどいニュースなど、むしろ避けるようになった。情報弱者という言葉もわたしには関係がない。むしろ望んでいる。

毎日毎日おびただしい量の情報が報道される。上は国際情勢から下は芸能人のゴシップまで。中国人の子どもがまた穴に落ちた、またどこかに挟まったというのもある。ちょっとおもしろいが、観たあとで、こんなことを知って(報じて)なんの意味があるのか、と思ってしまう。

意味などないのだろう。なにかが生じたから、報じているだけなのだろう。しかし自分の問題として、最近とみにニュースを知る意味がわからなくなってきた。雑多なニュースを観せられたあとで、で、だからなんなのだ、と思ってしまうのだ。根がまじめなものだから、たぶん考えすぎなのだろう。

テレビのワイドショーは五割引きで観る

考えてみれば、わたしたちは一方的にニュースを受け取る側である。SNSの発達により個人も情報を発信できるようになったといわれるが、それらはこちらから神経叢《そう》をかきわけるようにして、わざわざ探しに行かなければならない。大半のものは埋もれたままだろう。マスメディアとはまったくちがう。

人は四十年前までは、携帯電話など望みはしなかった。望むもなにも、頭の片隅にさえそんなものは存在しなかった。パソコンなども望みはしなかった（ただ、これは望んだ。わたしは三十五年ほど前の在職中、コンピュータが持ち運べるようになればいいな、と思ったが、まさかそれがノートPCやタブレットPCとして実現するなど、夢にも思わなかった）。

ウォークマンもスマートフォンもツイッターもインスタグラムもYouTubeも望みはしなかった（望むことさえできなかった）。しかし、世界のなかで望んだ人々（考えつづけた人々）がいたから発明も発見もできたのである。そういう意味では、人間とはすごいものだ。しかしここでもわたしたちは、人間の発明や発見の歴史に一指もふれることなく、ただただ成果を受け取る側である。

ニュースというものも、おなじように思える。別に知りたくもなかったことが、世界中からかき集められて、勝手に情報としてもたらされるのだ（それでもごく一部にすぎない）。それを知ろうとしなくても、山の中の仙人でもないかぎり、いやでも目に入ってくる。

すると、人が発明によって、それまでなかった欲求や欲望が生み出されたように、ニュースによって俄然《がぜん》興味が引き出される。それまでありもしなかった、知りたい欲求が掘り起こされるのである。といってもその大半は、事件や事故やゴシップネタにかぎられる。広島でのオバマ大統領の演説全文などだれも読みはしないのである。社説などまったく目に入ってこない。

メディアにしばられない、と書いたが、元々新聞をそれほど読まなかったから、新聞にしばられたことはない。しかし、テレビにはいいように振り回された（しばられた、ということか）。誤報もなにもかも、そのまま信じ込んだのである。

ニュースの取捨選択や扱いの大小は作り手側の恣意《しい》によるもので、こちらはまったくの受け身である。報じられるものをただ観たり、読むだけである。だが作り手は感情を持ち、思想を持ち、思い込みもあるふつうの人間である。間違いも作為的な編集もある。だからわたしたちは、情報を読むにはメディア・リテラシー能力を高めなければいけない、といわれるのである。

そりゃまあそうだろう。だが、そういっている本人はリテラシー能力があるのかもしれないが、そんなめんどうくさいこと、一般の人間にいちいちできるはずがないのである。

だいたい、ニュースに正解などあるのか。

作り手も一応「プロ」だろう、という信頼の上で、わたしたちはさまざまなニュースを知るだけである。わたしに「知る権利」があるから知りたいのではない（わたしは「知る権利」などいらない）。世の動きを知らなければ、という観念もそれほどない。知ってどうする？と思うが、どうもしなくていいのだろう。

日々とめどなくニュースが報じられるから、それに漫然と接しているだけである。もちろんメディアは報道だけではない。種々雑多な情報が流される。識者たちの言葉に乗せられて、リテラシー能力を身につけようとするよりも、手っ取り早く、報道は二割引き、商品CMは三割引き、ワイドショーは五割引き、通販番組は八割引きくらいのつもりで観たほうが無難である。

「これはテレビ、テレビ！」

わたしは無類のテレビ好きである。といって、どんな番組でも喜んで見ているわけではない。起きているかぎり、テレビを消すことはないが、どうでもいい場合は音を消している。好きな番組の基本はスポーツとドキュメンタリーで、あとは毒にも薬にもならないバラエティ番組やワイドショーである。ドラマは見ない。

しかし、コメンテーターや解説者（メディア記者）のいうことは、基本信じない。「報道一筋何十年」とテロップに出ても、信用しない。何十年間、なにをやってきたんだ？　と思うだけである。いまこれが人気、という流行り物や行列店も信じない。ごく一部のあいだだけで「人気」なんだろう、と思う。食リポから事件・事故現場のレポーターのいうことも、話半分に聞いておけばいい（なにが食リポだ）。通販番組はまったく信用しない。健康番組はまず見ない。情報を針小棒大《しんしょうぼうだい》に伝えるだけだからだ。

わたしはテレビ好きなのに、そういう意味では、テレビ嫌いである。田原総一朗はただの自慢したがり男で好きではないのに、「朝まで生テレビ」の司会は、田原ではなくてはおもしろくない、というのに似ている。テレビの大半は、ウソまみれとはいわないが、ウソくさいと思っていれば、まず間違いがない（当然、政治討論会などもおなじ）。もしくは、バカくさい。

なぜか――。お笑い番組などで、こういう場面をたまに見る。ある芸人がまじめなことをいうと、先輩芸人が「あほか。これはテレビ、テレビ！」というのである。これがテレビの本質である。

つまり、テレビでほんとうのこと（まじめなこと）をいってどうする？　白けるだけじゃないか。視聴者を引きつけるためには、ウソでもいいから話を「盛って」、おもしろいことをいうんだよ、ということである。

TBSの昼間に「ゴゴスマ」というワイドショーがある。政治ネタを扱ったりする。男のアナウンサーが共同通信社の論説委員に「……は、どうなりますか？」と訊く。論説委員は、テレビではめずらしく「そんなことはわかりませんが、云々」と答えると、男アナは泡を喰ったのか、「正直に答えてくれましたが、われわれはテレビ的に盛り上げようとするので、バランスがとれたのかな、と……」みたいなことを口走ってしまった。この「テレビ的」ということが、まさにテレビなのである。

しかし、視聴者のなかには、テレビの情報に手もなくひねられる人々が、少なからずいるようである。カズオ・イシグロのノーベル文学賞が発表されると、翌日のアマゾンの書籍部門では、驚いたことにトップ10のランキングのうち、イシグロの本がいきなり七冊も占めていたのである。

文学賞報道はもちろん、ガセネタではない。注文したのはたぶん高齢層が多いのではないかと思われる。なかには昨日までイシグロの存在など、まったく知らなかった人も含まれていたのではないか。

かれらは自分の金で買っているのだから、外野からとやかくいうことではないのだが、その食いつきの速さに驚く。本などは、まだ安いからいい。それにイシグロの本は買って損はない（といってもわたしは『日の名残り』しか読んでいない。『わたしを離さないで』は趣味が合わず、途中で放棄した）。

しかし「メタボ」が流行ればすぐに「メタボ」といい、「終活」が流布すればすぐに「終活」という。「特保」食品にもすぐ食いつく。サプリメントが初回半額だと知ると、儲けたとばかりにこれまた食いつく。「都民ファーストの会」が人気だと、すぐに食いつく。あまりにも食いつきがよすぎて、詐欺に騙されなければ幸いである。そういう人は、得てして一事が万事の人、だからである。

不安を煽るような話やうまそうな話、おもしろすぎる話は、ほんとかウソかと考えるのがめんどうだから、わたしはすべてウソと見做《みな》す。それではみすみす損をすることにはならないかという人がいるとも思われないが、どっちみち大した損ではない。ということは、そんな話を知ったところで、どっちみち大した得でもないからである。そのこと自体が、どうでもいい。

不快なニュースは避ける

それでも、いいニュースならまだいい。上野のパンダに赤ちゃんが生まれた、なんてことはどうでもいいが、それでもいい。乳幼児虐待などのニュースに比べれば、はるかにいい。パンダ以外では、テニスの杉田祐一が好調だとか、サッカーのベルギーリーグで森岡亮太が大活躍とか、広島カープが優勝したとかなら、なおいい。スポーツぐらいしか、いいニュースがないのだ。

ソ連が北方領土にミサイルを配備するだとか、中国が領海侵犯をしただとかを知ることは不快である。さらに不快なのは、中国の自国は善、悪いのは全部相手国、とする夜郎自大な声明である。中国に「死不認錯《スープレンツォ》」という言葉があるらしい。死んでも非は認めない、絶対に謝らないという意味だそうだ。

ソ連と中国の姿勢は、わたしには北朝鮮のミサイル以上に不快である（それにしても、金正恩が時々バカ笑いをしている写真があるが、どんなにおもしろいことがあるのか、と不思議である。二・二六事件の首謀者のひとりだった磯辺浅一《あさいち》が、叛乱《はんらん》はおもしろかった、といったが、北朝鮮の棟梁も世界を相手に楽しんでいるのか）。

国際情勢やウソくさい国内政治や、政治家の不祥事や不倫問題などより、わたしにとってはるかに不快なニュースは、集団リンチ殺人や学校でのいじめによる自殺、パワハラによる自殺、レイプ事件などである。

加害者の愚劣さや事件自体の陰惨さがどうにもならない。加えて、学校や教育委員会や会社側の言い逃れが腹立たしい。犯罪者はシレッと白を切る。人間のクズたちのオンパレードである。被害者にはいうべき言葉もないが、こんな事件を知らされてわたしはどうすればいいのか。

思い出すのは第1章で引用した「精神的に強い人が『絶対にしない』10のこと」の十番目、「ニュースを見れば、戦闘や攻撃、脆弱な経済、企業の破綻、環境災害など、世界は悪い方向に向かっていると思わせるようなことばかりだ。だが、精神的に強い人は、自分にはどうすることもできない事柄に心を捉われたりしない」である。

わたしはここまで冷血的にはなれない、と思っても、結局、やっていることはおなじである。できるだけシャットアウトする。わたしには不快なニュースを避けるのは、この方法以外に思いつかない。

これらの事件の第一報を知ってしまうのはしかたがない。しかし各テレビ局で繰り返し報じられると、わたしはチャンネルを切り替える。避けるのは先にふれたような卑劣な事件である（無差別虐殺のテロもおなじ）。何度知っても、不快になるだけで、どうにもいたたまれないからだ。ショップチャンネルでも観ていたほうがましだ。法治国家が聞いて呆《あき》れる。

わたしにとっては、それらの事件は、森友学園問題や加計学園問題なんかより、はるかに重い。そして重いまま心に残されるのが、ちょっと耐えがたい。その重さに、なにができるわけでもない。それなら、いっそのこと、知らないほうがいいのではないか、と思ってしまうのである。

毎日新聞編集委員の牧太郎がこう書いている。「改正刑法が成立して、強姦罪は強制性交等罪として、法定刑が3年以上から5年以上に引きあげられたが『泣き寝入り』する被害女性は多い。（略）女性が強姦されたと訴え、警察が逮捕状を取ったのに『上からの指示』で逮捕が見送られた。女性が言う通り、逮捕見送りの理由は、この人物が現政権に近いジャーナリストだからなのか？」（『毎日新聞』二〇一七・八・二八夕刊）。そのあとにつづけて、じつに「法律はヤワい」。つまり、法律とは杜撰で、恣意的で、いい加減で、なんとまどろっこしいものか、ということだ。

まったくそのとおりである。刑期「5年以上」でも甘すぎる。やったことの卑劣さを考えれば、十年でも甘い。「この人物」は元TBSのワシントン支局長だが、いまでもいっぱしのジャーナリストヅラをしているのだろう。検察審査会は、この事件は不起訴処分が妥当と、結論を出した。再びいう。法治国家が笑わせる。

ジャーナリストといえば聞こえはいいが、かれらは報じっぱなし。そこまでで仕事は一件落着。そしてすぐ忘れる。次から次へとニュースは目白押しだからだ。受け取るこちら側はただ知るだけ。そしてこれまたすぐ忘れる。

どちらにとってもニュースは、どんなニュースでもただの消費財でしかない。こんなことに、毎日目を通す意味はあるのか。一応世界のことはおよそわかっている、という自己満足のためか。

「ジャーナリスト」は、わたしが一度は憧れた職業である。しかしならなくてよかった。わたしは無知で真実追究の意識など皆無だったから、ロクなジャーナリストになれなかったことは自明だが、ジャーナリズムの世界もなにやら傲慢な世界のようで、そういう世界に行かなくてよかったということもある。

「できる子」がいっぱいいるのだろう。かれらはなにかあると「報道の自由」や「表現の自由」や「知る権利」を主張するが、それに値する人種がどれほどいるのか、大いに疑問である。報道被害の問題が改善されたとは思えず、かれらは自らの過ちにたいしては謝罪広告ひとつ出すのにごねるのである。

日本経済新聞社をモデルとした高杉良の『乱気流――小説・巨大経済新聞（上・下）』を読むと、日本の知的エリート集団のあまりの俗物ぶりに唖然《あぜん》とする。

テレビ御用達の「専門家」はほとんど信じない

メディアの影響力ということでいえば、新聞よりも、やはりテレビのほうが大きいだろう。テレビのニュースはまだましだが、ワイドショーはかなりひどい。テレビは視聴者の興味を惹きつけるために、「テレビ的」でなければならないというしばりがあるからである。そこに登場する「専門家」や「コメンテーター」たちもそのしばりから自由ではない。

今夏（二〇一七年）、埼玉県のスーパーのポテトサラダからO157が検出されたことで、騒ぎになった（三歳の女児が亡くなった）。いまのところ原因不明。早速TBSの番組が、大学の微生物研究の先生を連れて一般家庭に行き、どれだけ家庭に細菌がいるかを調べた。布巾や麦茶の容器に細菌がうじゃうじゃ見つかると、その先生は「うわうわうわ」と流行り言葉口調の声を上げ、その状態をモニター画面で見せられた主婦はのけぞった。わたしは「このバカ医者が」と思う。その先生の役目は、「うわうわ」と驚いてみせることではなく、細菌などどこにでもいるのだから、気にしないことですよ、ふつうは大したことにゃなりません、ということだろう。

別の医学部の先生（女医）は、大便のなかの細菌はトイレットペーパーをも突き抜けるといい、ご丁寧にも実験をしてみせて、十二枚でもだめ、二十枚でやっと食い止めることができるという。だからなんなのだ？

安住紳一郎アナが、ようするに細菌を防ぐことはできないのだから、きちんと手を洗うことですねと、まあ正しくフォローする。ところがその手洗いに必要な時間は三十秒間。ちょうどハッピーバースデーを二回歌う時間だという。いったい、なにをいってるのか？毎回そんなことできるか。抗菌・除菌市場は一兆円だといわれている。その番組でも、菌を見ることができる機械が紹介され、これが十万円。細菌見てどうするんだ。

ほとんどの人は、こんな番組を観ても、「そんなに細菌がいるのか。大変だ！」とは思わないだろうが、テレビの影響力はいまだに強い。だから、除菌や抗菌がここまで大きな問題になっているのである。こんなつまらない番組をつくること自体がだめである。テレビはこんな意味のないことばっかり（でもないが）やっているのだ。

世界各地で「テロ」が頻発している。わたしは「ＩＳ」はただの無知な無差別殺人組織で、「テロ」はただの（という語弊があるが）無差別大量殺人犯罪だと思っている。そう考えても、わたしにはなんの不都合もない。あんなものが「テロ」で、あんな殺人犯罪者が「テロリスト」だなんて、おこがましいにもほどがある（「ＩＳ」はどうやら崩壊したようである。かれらがしたことは、ただ街を破壊し、遺跡を破壊し、多くの人々を殺しただけである）。

北朝鮮とアメリカのあいだでリアルな戦闘が生じるのではないかと、騒然としている。ミサイルが日本に飛んでこないようにするため、日本になにができるか、という議論で、木村太郎は「日本にできることは何ひとつない」と断じた。

これに小島慶子が「でもなにかしないとだめじゃないですか、外交努力とか」と噛みついた。木村が「そんなことはなんの役にも立たない」というと、小島は「じゃあどうするんですか」と食い下がる（発言は大意。一字一句正確というわけではない）。

どうするもなにも、だからどうにもできないんだって。もしミサイルが飛来すれば、数千、数万人の日本人が死ぬだけである（イギリスの国際戦略研究所は、もし三百キロトンの爆弾が東京都心を直撃すれば、数十万人が即死、と発表した）。

あたりまえのことである。ミサイルが何発も飛来すれば、数十万人が死ぬだけである。いいも悪いも、否も応もない。困るも困らないもない。しかし、日本ではそういうことは、いってはいけないことになっているらしい。当然政治家はいわない。テレビの「専門家」もいえない。

それどころか、テレビ朝日の政治部記者は、自信満々に、子どもたちがヘルメットを被って避難訓練をやるのは意味がある、また、もしなんらかの事故でミサイルの破片が落ちてきたら、国民は政府を非難するから、Jアラートは意味がある、とトンチンカンなことをいう始末である。

辺真一《ピョンジンイル》から、じゃあオスプレイだって墜落する可能性があるから、みんなヘルメットを被らなくてはいけなくなる、といわれると沈黙。どうやら、日本人はなにが起きても、ひとりも死んではいけないらしい。死なないらしいのである。

まあ、当面は、ミサイルが日本に撃ち込まれることにはならないと思うが（それにしても、なぜ北朝鮮は国連から脱退しないのか。戦前の日本は国際連盟を脱退したぞ）万一、ミサイルが飛んでくるような事態になったらしかたがない。くるものはくるのだから。ＰＡＣ３なんか、信用しない。

それでわたしが死ぬことになっても、しかたがない。北朝鮮に文句はいわない。「かわいい」とか「インスタ映え」とか「いいね！」とか「神対応」とか「このお肉ジューシー」とかいっている人間も死ぬのである。

「毎日新聞」にこんな川柳が載った。『「わからん」と云う本物の専門家」（「仲畑流・万能川柳」二〇一七・九・一七）。本物の専門家なら、わかりません、というはずだ、あるいは、わからないことはわからないとはっきりいう専門家はいないものか、ということである。

テレビの解説者やコメンテーターにイライラしている人が、いることはいるのである。しかしテレビ局は「わかるわけないじゃないですか」という発言を許さない。もしそんな事実をいう「専門家」がいたら、こいつは使えないとなって、もう次の出番はない（和田秀樹氏はそれで干された）。

ニュースを逐次追って、いったいどうなるのか、と下手な頭で考えてやきもきするよりも、もうなるようになるしかないな、と考えていればいっそすっきりする。実際、トランプ大統領と北朝鮮の応酬など、どうにもならない。日本の総理大臣の出る幕などない。ましてやひとりの高齢者の思考など無意味である。

バカのひとつ覚えのように、毎度毎度「制裁」と「圧力」ばかりをいっていてもはじまらない。金正恩とほんとうに外交パイプはないのか。外務省は直接交渉のための手立てはひとつもないのか。ほんとうに手も足も出ないのだろうか。情けないことに、国が手足を出したと思ったら、それがJアラートである。

なにが「Jアラート」だ

J-ALERT（Jアラート）。なんだこれ。「全国瞬時警報システム」のことらしい。それにしても、なんだ「J」って。Jリーグにあやかったのか。ただの語呂合わせか。「緊急警報」でいいじゃないか。

こんな程度のことしか考えない政府や、狼狽《うろた》えるしか能のない政治家や官僚に、いざとなったらほんとうの戦争などできるはずがない。文民統制もへちまもないのである。いかに自衛隊が優秀でも、へなちょこ「文民」しかいないのである。

ミサイルが飛んできたら、国民はどう対処すればいいかという方法が、内閣府のHPに載っている。物陰に隠れろだの、地面に伏せろだの、家のなかでは窓から離れろ、といっている。

とても正気とは思えない。各地で実地避難訓練をしている自治体もある。戦前のバケツリレーや竹槍《たけやり》訓練と変わりはしない。ばかじゃないかと思う。

スピーディ（SPEEDI）「緊急時迅速放射能影響予測ネットワークシステム」は、日本原子力研究所を中心に百億円以上をかけて開発された。原発事故の際に、放射性物質の量、流れる方向などが計測されるとした。しかし東日本大震災のとき、情報は非公開とされ、実際にはなんの役にも立たなかった（国民がパニックになるからと、民主党政権はデータを隠蔽した）。

気象庁の「緊急地震速報」もはた迷惑な代物である。地震の一分ほど前に知らされて、どうしろというのかね。しかもやたらおどろおどろしい音がするだけで（この音のほうが地震より怖い）、空振りもある。なんの信頼性もないのだ。こんなものをだれが考えたのか知らないが、どうせどこぞの専門家なのだろう。

八月二十九日早朝（二〇一七年）、北朝鮮のミサイルが北海道上空を通過した。北海道、東北、北関東でJアラートや防災無線が鳴らされ、「北海道上空を通過したもよう」「避難してください」とアナウンスがあった。

当該地での新幹線や在来線は停止し、号外が出され、休校になった学校があり、騒動となった。ただ狼狽《うろた》えただけで、これらのすべてが無意味である。電車が止まってどうする？

止まった電車には落下物が当たらないとでもいうのだろうか。

毎度おなじみの北朝鮮への「断固たる抗議」もまるで無意味。北朝鮮に発射させないようにするための交渉が不可能なら、日本は黙って見ているしかない。

これについて堀江貴文がツイッターで「マジでこんなんで起こすなクソ。こんなんでいちいち出すシステムを入れるクソ政府」と書いた。するとネットでは「こんなこと？　本当にミサイルが落ちたらそんなふうに言えませんよ。システムは国民の命を守るためでしょう？」とか「命を守るためのシステムです。それをクソ扱いですか？」と批判の声が上がったという。もちろん堀江が正しい。批判はとんちんかん。Ｊアラートはまったく意味のないシステムである。ある意味有害でさえある。

経済学の学者は山のようにいるのだろうが、いっこうに景気回復しない。原発の是非についても、ほんとうに代替エネルギーだけでやっていけるのか、わからない。弁護士のなかには、こんなやつに弁護などいるのかというような犯罪者に加担しているようなものもいる。医療の世界も胡乱である。

「専門家」は信じないと書いたが、わたしはほんとうの専門家を知らない。見るのはテレビ御用達の専門家だけである。理工系や医療の分野には本物のすごい専門家がいる。山中伸弥教授や天野篤医師みたいな人である。あらゆる分野にいることだろう。伝統職人の世界にも本物がいる。だが、そんな現代の名工たちでさえ、最新機器を使っても、安藤緑山の牙彫《げちょう》や田中久重の万年目鳴鐘は作れないのである。

信頼のおける専門家は、まともな学者と研究者と医師と自衛官（海上保安官も）と警察官と消防士くらいのものではないかと思う。

とはいえ、警察はあまりあてにならない。そのていたらくは清水潔の『桶川ストーカー殺人事件』や『殺人犯はそこにいる』を読めばよくわかる。正義を旨《むね》とする組織にも、どんなに社会的地位の高い職業でも、パワハラやセクハラがある。だから「まともな」と付け加えたのである。

第6章　人はしなくても自分はする

することはしたのだから

人間が生きているなかで、しなければならないことはたったひとつ、仕事だけである。人間は生活をし、人間的に成長しなければならないからである。食べていくためには、働かなければならない。働くとはなにかとか、だれのために働くかとかの形而上学は、とりあえずどうでもいいことである。

学校を出たら働くのである。当然、職業選択はあるが、なにはともあれ、働いて自分で食べていかなければならない。これだけが人間がしなければならない唯一のことである、とわたしは考えている。

人間的な成長は仕事のなかで一番できる。社員同士の「親睦」という名目で、社員旅行や飲酒・食事会が行われるが、それはただのつまらない形式である。社員同士のほんとうの信頼は仕事のなかでしか培われない。あとの私的な親睦は個人同士でやればいいだけのことだ。会社が介入することではない。社内運動会など余計なことである。

もちろん会社行事はやってもいいのだが、自由参加にするべきである（不参加者につらく当たってはいけない）。これは行事だが勤務扱いだ、というのはスジの通らない理屈である。

じゃあ土曜の休日出勤だから、振り替え休日が出るのかといえば、出ない。会社はつまらないことで、社員をしばるなよ、と思う。

会社が社員にできることは、できるだけ多くの給料を出すことと、いい職場環境を作ることである。会社はこれだけをやってくれればいい。わたしたちは仕事のなかで、責任と協働ということを学ぶ。仕事の質は、責任に含まれる。仕事がただの金儲けのためでなくなるのは、そこに仕事自体の価値と人間的成長があるからである。

ばかいうな、という人がいるだろう。ろくでもない会社（公的組織も含む）があることは知っている。有名な大会社も例外ではない。大概は、会社経営をする資格もないし、人の上に立つ資格もない人間が社長をやっているか、旧日本軍の下士官みたいな加虐的体質の中堅幹部がいる会社である。

いうまでもなく、そういう会社は論外である。そういう会社をどう是正していくかは、立法と行政の仕事である。わたしが想定しているのは、「人間」の一定の幅で、まともな人間がいる、まともな仕事（会社）のことである。

仕事以外は、すべて個人の自由でいいではないか、と思う。結婚も、子を持つことも、同好の集団に属するかも、どんな趣味を持つかも、酒を飲むか飲まないかも、友人を持つか持たないかも、個人の好き好きである。しても、しなくてもいい。だれに強制されることもない。

ところが、そうはいかないことは、この社会で生きている人間はだれでも知っている。どの社会でも似たようなものかもしれない。自己主張の苦手な人間は欧米では生きてはいけないといわれるが、この国にもいろいろなしばりが強すぎるのである。

だが、もう働かなくてもいいのである。十分働いたといっていい。もちろん六十歳を過ぎて働いてもいいのだが（そのほうが多いだろう）、もう自分に対する義務ではない。もう仕事をしなくていいのなら、あとはすべて自由である。

なにをしてもいいし、なにもしなくてもいい。だれに指南されることでもなければ、指図されることでもない。自分の好きにしていいのである。会社組織を離れれば、社会的なしばりもほとんどが消滅する。

しかし、「人は自由という思想に耐えられるか」（西尾幹二《かんじ》）という命題があるように、自由を持て余して途方にくれ、なんらかのしばりを欲するようになると本末転倒である。ほんとうは「自由」なのに、それがただの「暇」になってしまうのだ。

暇は自由のなかの一部にすぎない。それを自由全体を暇と考えて、あれやこれやで無理に時間を埋めようとするのは、宝の持ち腐れである。一人ひとりの状況は異なる。そのなかで、「豊かさ」や「充実」などにとらわれることなく、自分ができることとやしたいことをするだけである。なにをしたらいいか、など、だれも教えてくれない。だれも助けてくれない。自分で考えるしかない。

人に相談しない

わたしの場合、厳密にいえば、定年退職したのではない。定年半年前の自主退職である。もう会社勤めが限界だった。いや、会社のほうがわたしに対して限界だったかもしれない。退職にあたって、だれにも相談しなかった。退職後のことについてもおなじである。

考えてみれば、わたしはなにかを人に相談したことがない。仕事選びや結婚や人間関係やお金などのことで、親や友人や親密なだれかに相談したことがない。

第3章で「家にこもる父」という人生相談を紹介した。これは「父」からの相談ではない。息子からの相談だった。当の「父」氏もまた、なにも相談しない人なのだろう。こういう人は男に多い気がする。意地みたいなものがあるのだろうか。

わたしが人に相談しないというのは、相談せざるをえないような深刻な問題につかまったことがないから、といえるかもしれない。たしかに、自分で結論を出せないような問題に直面したことがない。それは、幸か不幸かということでいえば、幸なのだろうと思う。

しかし、たとえ深刻な問題につかまったとしても、わたしはまずだれにも相談をしないはずである。その問題の隅々まで知っているのはわたし以外にはいないからである。それに人に指図されることが好きではない。たいていのことは、自分で決めて、その結果は、自分ですべて引き受けたいのである。

わたしは友人に「いやあ、暇で死にそうだよ。なんかないかね」などといわない。「十年後おれはどうなるんだろう」とか「認知症になったらどうしよう」などと考えない。考えてもどうにもならないからである。十年後など、わかるわけがないのだ。金がなくなったらどうしよう、と不安なら、金を稼ぐことを考えるしかない。

仕事のことは別として、私的なことでは人に頼み事をしたこともないと思う。当然、血液型や手相見や人生占いや占星術など信じない。

愚痴はいわないし、泣き言もいわない。相談を受けたことなら何度かある。ろくなアドバイスも行動もできなかった。自分の言葉に責任があると思うと迂闊《うかつ》なことがいえなかったこともあるが、オレは鈍いな、経験の乏しい頭のきれない男だなと思った。

わたしになんの悩みもなかったというわけではない。若い頃、自分はおかしいのではないか、自分という存在はどうも人を不快にさせるらしい、ということは感じた。人が人とふつうに付き合っているようには、付き合いたくないのだった。

どうもそのあたりの屈託が、自分自身を堅くさせ、人を不快にさせるようであった。自分では、自分の考え方やあり方はあたりまえだと思っていたのだが、世間ではそうは見てもらえなかった。だからといって、別に不機嫌、不愛想、不貞腐《ふてくさ》れたような態度を示したわけではない。

そういう人間関係については、いろいろと考えたものである。結局、なんの結論も出なかった。まあ、そういう性格に生まれついたのだな、と思うほかなかった。それに、これもまた性格から来ていたのかもしれないが、あまりにも自意識過剰だったきらいがある。それが我ながら嫌だった。こんなこと、だれにも相談できるものではない。当然、その気もなかったが、人に相談するという考えそのものがなかったのである。

本にヒントを求めようとする人がいるだろう。わたしも、おれは少しおかしいのではないか、と哲学や心理学や精神医学の本を読み漁ったことがある。結果、ヒントを得るどころか、読んでいる途中でその難解さに挫折した。本を読めないということで、おれはバカか、と悩みがひとつ増える始末であった。

世に、さまざまな悩みに答えます。みたいな八卦見《はっけみ》のような本はごまんとある。ところがこれがほとんど役に立たない。いいことが書いてあるなと思っても、翌日にはもう忘れている。だからだめ、というのではなく、生きるということは、こういう繰り返しなのかもしれないと思う。ただ、膨大な無駄は、何年か経つと小さな知恵の結晶にならないともかぎらない。

テレビでよく、仕事であれ趣味であれ自営業であれ、定年後に成功している人が紹介される。みんな自分で決断した人ばかりである。成功例だけでなく失敗例も相当あるはずなのだが、そういう例は採り上げられない。しかしどういう結果になるにせよ、事の大小を問わず、自分で決めるしかないのである。

一枚の写真

仕事を辞めて自由になったら、カメラを買おうと思った。それまではペンタックスのMEスーパーというのを使っていたが、いつの間にか押し入れに入ったままになり、カビが生えた。

ニコンのD70という初級機を買った。沢木耕太郎の『天涯』に感化されたことは否めない。プロの眼から見たらどうなのかは知らないが（プロの眼など、どうでもいいのだが）、わたしみたいな素人の眼には、これだけの写真が撮れればいうことはないな、と感銘を受けたのである。

ところがカメラを買って意気込んだまではよかったのだが、なにを撮っても写真にシャープさが出ず、どこかピンボケ状態なのだ。あまりの下手さにがっかりした。

それからほぼ十年。いまでも腕は下手なままである。出来栄えは手頃なデジカメにも劣る。しかもいまとなってはカメラがでかくて重い。嵩張《かさば》って邪魔なのだ。わたしは世の写真愛好家のように、三脚を立て、どでかい望遠レンズを装着して、早朝から夕方、深夜まで何時間もかけて、ダイヤモンド富士や夕日の棚田や満天の星空などの芸術写真を撮りたいわけではない。写真コンテストなどまるで狙っていない。

いやもちろん、きれいに風景写真も撮ってみたいとは思う。しかしわたしが望むものは、「見るものすべては写真になる」といって、日常の何気ない一瞬を撮りつづけたソール・ライターのような写真である。生意気なことをいっている。

日常の一瞬とは人生の一瞬でもある。ライターは、富や名声からはほど遠い暮らしに自足し、「人生で大切なことは、何を手に入れるかじゃない。何を捨てるかということだ」という言葉を残した。

「わたしが望むものは」といって、ライターを引き合いに出すのもおこがましいが、じつはライターのような生き方に憧れているのかもしれない。当然、その写真もいい。かれは二〇一三年、八十九歳で亡くなった。

わたしが時々いく喫煙カフェに一枚の大きな白黒写真が飾ってある。縦一メートル、横八〇センチくらいか。写っているのはジェームス・ディーン。二年ほど前、この写真を見ていきなり魅きつけられた。

どこの街なのかわからない。雨の舗道を、厚手のコートの襟を立て、肩をすくめ、両手はポケットに突っ込んでいる。口の左側にタバコをくわえ、視線はあの得意な上目遣い。背後に見える大きなビルは雨に霞《かす》んでいる。右足が前に出ていて、踵が接地したばかりだ。左足は小さな水たまりのなか。

写真にはこういう一枚がある。こういう一枚が可能だ、といってもいい。もう五十年も前、世界の一部の若者たちはゲバラの写真を持ち歩いたものだ。一枚の写真のなかに、ゲバラの一生を視《み》ようとしたのだろう。

わたしは白川義員《よしかず》（惜しいことに二〇二二年に亡くなった）の偉業を尊敬している。かれの写真は大判だが、一枚の小さな写真もいい。動画と違って、写真には哀愁がある。一台のカメラと、一冊の文庫本を持って旅に出る。完璧ではないか。もう七十歳になった男には、なんの哀愁もないが、それはわたしが理想とした姿だ。ちょっと自分に酔っているところが鼻持ちならないだろうけど。

ジェームス・ディーンは二十四歳の若さで、交通事故で死んだ。六十年も前のことだ。喫煙カフェの写真は当然、それ以前に撮られた写真である。それなのに、この一枚の写真は、ひとりの男の人生、というものを感じさせる。自分を主張していない若きジェームス・ディーンの姿勢と顔の表情がいい。

撮られたのが何年の何月何日、何時何分かはわからない。しかしそのとき、かれは雨のなか、たしかにこの場所にいたのである。これを撮っているカメラマンがいて、撮られるジェームス・ディーンがいた。

その写真が二〇一七年九月六日の極東の日本の埼玉のある喫茶店に残っていて、同日十六時二十八分、なんの因果かわたしが見ている。だが、この時間も、この日もすぐに失われるのだ。すべてうたかた。

わたしのド下手な写真の話から、こんなご大層な話に持ってくるつもりはなかった。下手なのに性懲りもなく、もっと軽量で小型の一眼レフが欲しいな、と思っているのである。いや、もうふつうのデジカメでいい。撮るのはスナップで十分である。

わたしは自分の人生の痕跡を一枚一枚の写真に残したがっているのかもしれない。いや、ただ単純に、シャッターを押す瞬間の、心ウキウキのウキぐらいを愉しんでいるだけなのか。たいして意味のないことだ。

となると、わたしの写真は落書きみたいなものだが、落書きは人目のなかに残したいと思い、わたしは自分のなかだけに残そうとしている、というだけの違いなのだろう。

いや、そのうちデジカメはたぶん買いますよ。日本の二百名山を、平地も含めてすべて徒歩で踏破した田中陽希《ようき》君が、ときどきリュックやポケットから軽快にデジカメを取り出して、片手でパチパチ撮っている姿がよかった。

そう、あの手軽さでいいんだ。カッコつけて一眼レフなどに手を出すんじゃなかった。望遠レンズ一本も持っていないのに。まあ見栄というよりは、一眼レフのあの男らしいフォルムが好きだったのだが、もうあきらめた。

食は好きなものを食べればいい

次の言葉は道元の言葉である。「この世で見た目のいい、一番おいしい料理を作ったとしても、これが必ず、最高というものではない。粗末な菜っ葉汁だからといって、下の下と思うのは、心貧しい人である」（藤井宗哲訳・解説『道元「典座教訓」――禅の食事と心』角川ソフィア文庫）。原文は「醍醐味を調《ととの》うるも、未だ必ずしも上と為さず、莆菜羹《ふさいこう》を調うるも、未だ必ずしも下と為さず」である。

これは禅僧の心がけをいっている。この文章を訳したのは、藤井宗哲亡きあとを継いだ柿沼忍昭《にんしょう》である。原典をかなり膨らましすぎているきらいがある。しかし、この「食に上物下物なし」には共感する。

いや食に「上物下物」はある。スーパーで売っている寿司よりは回転寿司が上、回転寿司よりは高級寿司のほうが上、であることはいうまでもない。当然、見た目も味もちがうのだが、それを単純に価格の差、といってもいい。

たしかに「食に上物下物」はあるのだが、それ以上に大切なのは、個人の好き嫌いである。人は「上物」だからといって、それが好きとはかぎらない。「これ白トリュフですよ」

と、それだけで驚くのは情けない。

なかには、食にかぎらず、高いものがいいもの、と思っている人もいるだろうが、それは、自分の感受性よりも世間の価値を重視する残念な人である。店の名前や外観や格式にこだわる人もいる。これは女の人に多いのだが、自分はチェーン店に入るような安い人間ではない、ということなのだろうか。

昔（一九七〇年以前？）は健康を考えながら、ご飯を食べるなんてことはなかった。カロリーだの炭水化物だの考えもしなかった。緑黄色野菜なんて言葉さえなかった。家計によって食べるものはかぎられていたのである。ところがいまや、わたしみたいなものまで、カロリーを多少気にするようになっている。食が生存のためから、見栄や快楽に変わり、いまや主義になってきている。

最初に野菜を食べると血糖値が上がりにくいから、まず最初に野菜を食べるといい、といった俗説が広がり、いまや全国のじいさんばあさんが素直にみんな実行している。チアシードやらアサイーやらが流行り、もうわけがわからない。相変わらず、健康本やテレビの健康番組が花盛りである。わたしはそんなものはまず信用しない。

ちょっと前には、卵はコレステロールが溜まりやすいので、一日一個以上食べてはいけないという俗説が広まった。卵好きの私は暗澹《あんたん》となってしまったが（子どもの頃のわたしの夢は、卵十個で作った玉子焼きを思い切り食べたいというばかなものだった）、いまでは卵のコレステロールは吸収されにくいので、一日二個でも三個でも大丈夫といわれ、それどころかそのほうが認知症になりにくいとかいわれる。もういいかげんな話ばっかりである。

歳をとったら肉を食えだの、ふくらはぎを揉めだの、肺病にならないためには喉を鍛えよだの、次々と俗説が出てくる。特保食品の指定はいい加減、ピロリ菌の除菌も大した効果はないらしい。

ＴＢＳの「この差って何ですか？」という番組で、高齢の元気な年寄りは、朝食でごはん派がパン派を若干上回っているという結果を紹介していた。解説者の医師は、パンは三百五十回ほど噛むが、ごはんは四百五十回ほど噛むから（回数はうろ覚え）、唾液のなかのなんたらという酵素がより多く分泌される。それでごはん派は元気になれる、ともっともらしいことをいっていた。

しかし、そんなことは人それぞれではないか。単純にごはん好きの年寄りがパン好きを若干上回るというだけの話ではないのか。

元気なお年寄りは、あれを食べろとか、これは食べるなとか、これを先に食べろとか、肉がいいとか、そんなことをいっさい無視して、ただ好きなものを好きに食べているだけである。

だから、ストレスが溜まらず、そのことが元気で長命ということにつながっているのではないか。テレビの健康番組なんか、ほとんど信用しないことである。テレビ御用達の医者のいうことも話半分以下で聞いていればいい。

好きなものを、腹八分目ほど食べるのが一番である。高いものではない。世間人気でもない。二万円、三万円の食べ物など、その価格に値するほどうまいはずがない。めくるめく快感などないように、至高の味なんかあるわけがないのだ。

どんなにうまいものでも、人間の作るものであるかぎり、限度はあるのである。あるとしても（ないのだが）、たかが食にそんなお金を払うのはばかばかしい。見栄を食べているようなものだからである。味の違いなど、わかりゃしないのだ。

そのことを痛感したのは、まだ二十代後半の貧乏サラリーマン時代に、デートで食べた一万円のフランス料理が、腹が立つほど大したことがなかったことである。見栄で払った二万円だったが、満足度は町の中華屋のラーメン餃子にはるかに及ばなかったのである。

健康とは関係ないが、ラーメン通のあいだでは、麺を食べる前にまずスープを味わう、ということがルールとなっているらしい。わたしにそんな「格律」はない。いきなり麺である。好き好きでいいじゃないか。

ごはんと味噌汁があれば、かならず味噌汁から、というのも一般的らしいが、わたしはいきなりごはんである。蕎麦は、つゆにつけるまえに蕎麦だけで、というのもやかましい。通ぶっているだけである。

餃子を半分ずつ食べる人がいる。一口で食べろよと思う。まあ女の人は許してやってもいい。若い男で、半分に嚙み切った餃子を三個並べているやつを見たときは、なにをやっているんだと不気味だった。考えてみると、冷ましているのだった。口の中を火傷《やけど》しちゃうじゃないか、というのかもしれないが、火傷しろよ、と思う。

写真にはまだ見果てぬ夢を持っているが、食の好みはもう完璧に決定している。カレーに肉に玉子に揚げ物に寿司に天ぷらである。子どもの食べ物である。嫌いなものは、これからも食べることはない。

だが、これは悲しむべきことなのかもしれないが、酒についてはなにもいえない。居酒屋探訪番組などを見て、酒の蘊蓄《うんちく》に「そんなものかね」と感心したりもするが、まったくわからない。酒好きの読者には、話にならんやつと思われるだろうが、これぱっかりはもうしかたがない。

権利に寄りかからない

「遺贈」という言葉をつい最近知った。遺産の全額、ないし一部を寄付することである。「最後の社会貢献」ともいわれる。こんな奇特な人が増えているようだが、すべて思い通りにはならないらしい。

妻や子どもたちが「相続権」を主張して揉《も》めることがあるから、事前によく話し合っておくことが必要ということである。浅ましい話である。親子・兄弟の何十年間の歴史より、金をめぐる権利のほうが重要、というのだから。

人間にとって基本的人権が大事なことはいうまでもない。しかしこれは普遍的・絶対的真理ではない。法律や道徳とおなじように人間がつくったものである。

自然権とか天賦といっても、人間がそう考えただけである。だから当然、不備なものである。あちらを押せば、こっちが出るのである。人権を主張する人は、どんな人間にも人権はあり、それは尊重されなければならないという。

わたしは単純に、他人の人権など知ったことかと、せせら笑うように人を殺す極悪人に人権などあるわけがない、と考える。死んだほうが世のため、という人間はいるのである。ところが、どんな犯罪者にも弁護士がつく。人間がつくった不備だらけの法律の隙間を狙って、その犯罪を擁護する弁護士もいる。自分を守ってくれるはずの法律が相手側に都合よく利用されて、被害者はぐうの音も出ない。泣き寝入りである。

基本的人権は、他人の権利を尊重する者にしかないと思う。他人の人権は踏みにじっておきながら、自分の人権だけは図々しく主張するというのは卑劣極まりなく、そんなことは法律以前の話だと思うのだが、それが許されるのが、基本的人権の在り方である。

わたしは当然、男女同権にも労働者の権利にも児童の権利にもＬＧＢＴの権利にも賛成である。人はいかなる理由があろうとも差別されてはならず、侮辱されてはならず、虐げられてもいけない。不当に自由を制限されてもならない。

わたしは、まともな人の権利は最大限尊重する。しかし、それは基本的人権という概念を知ったからではないように思う（権利という言葉は使っているが）。近代的な人権思想が確立されたのはたかだか十七、八世紀のことである。しかしそれ以前にも、人間は人間として大事にされなければならないという考えはあったはずである。人間として当然のことだからである。

だが、この「人間として当然のこと」というのも、人間がつくりだした考えである。わたしの単純な正義感や、平等を尊重する性格は基本的人権思想以前、といいたいところだが、それら諸々の思想の影響を受けているといってもむろんかまわない。

とはいえ、それはもう第二次的本能みたいなものとして、身体化されたものである。だから、人が不当に扱われているのを見ると、自然な感情として怒りが湧いてくる。

どうしてそんな非道なことができるのか、なんでそんな愚劣な人間になったのかね、とまったく理解できない。いい人間になるよりは、愚劣になるほうがよほど簡単なのか。そして、こういう人間が、自分の権利だけは主張するのだ。

なぜ唐突にこんな話をはじめたのかというと、わたしは人の権利は尊重するが、自分の権利を主張しようとは思っていないからである。ただこの先、そんなことはありえないが（以前もなかった）、なんらかの法的闘争に巻き込まれれば、権利を盾に戦うことはあるかもしれない。

しかし、わたしに基本的人権があるとは思っていない。生存権も幸福追求権もないと思っている。表現の自由も知る権利もいらない。そんなものがあろうとなかろうと、わたしは自分なりに生きようとし、その時々の自由は求めるからである。なんらかの理由で、それが叶《かな》わないなら、それはしかたがない。

わたしは不慮であろうとなかろうと、事故や事件でも、死ぬときはあっけなく死ぬだろう。自由はいとも簡単に押し込められるかもしれない。それらが国からの強制でもたらされたのでないかぎり、わたしは文句はいわない。

平成二十六年度から、高齢者の医療費負担が、七十歳から七十四歳までは、それまでの一割から二割に上がった（現役並み所得者は三割）。当時、「老人は死ねということか」と当の老人たちが声を上げ、デモをした。わたしはそういう老人エゴが好きではない。

図書館でときどき、あんたは業者か、と思うほど、何十冊も借りている人を見かける。規則では一人十冊まで。それを親子三人分とか四人分のカードを使って、三十冊も四十冊も借りて、リュックに詰め込んでいるのである。権利は最大限に使わなければ損だ、というのだろうか。たしかにルール違反ではない。しかし、どうしても根性が浅ましいと思ってしまう。

勝たなくていい

二〇一八年のロシア開催のサッカーW杯アジア予選。勝てば、本大会出場が決まる八月三十一日のオーストラリア戦の前。「泥臭くてもいい。ぶざまでもいい。ただ勝てばいいんです」と芸能人の応援団がいう。

勝敗に関する考え方は、人それぞれである。しかし、わたしはそんな惰弱な考えが好きではない（選手たちのなかにも、おなじようなことをいう選手がいるが、かれらは背負っているものがちがうから、おなじ言い方でも意味はまったくちがう）。やたら連発される「泥臭い」も好きではない。

わたしだって当然、勝ち負けは気になる。試合結果を訊くのに、最初に出てくる言葉は「で、勝った？」である。勝てばうれしい。しかし、そのあとどう勝ったのかが気になる。ライブで試合を観ていれば、なおさらである。

終始びくびくして逃げ腰で、けちくさい試合をして、たまたま入った一点を必死で守り切って勝ったところで、なにがうれしいのかと思う。そんなことなら、果敢に戦って、負けてしまえと思う。スポーツは負けてもまた次があるではないか。別に命を取られるわけではない（もちろん、守って、勝たないまでも負けない戦い方があるというのはわかるが）。

W杯本戦に行くことが目標なのではない。行って、果敢に戦って勝ち進むことが目標である（オーストラリア戦は見事な試合だった）。もちろん、W杯に出る以上、優勝を目指すのは当然だが、順位はあくまでも結果にすぎない。わたしは素人の一サッカーファンにすぎないが、戦い方こそが一番大事だと思っている。

なにがなんでも、ただ勝てばいい。こういう考えが好きになれないのは、なんだかんだもっともらしいことをいくらいっても、利益を得られなければ意味はない、たとえ人を騙しても卑怯なことをしても、利益を得た者が最終的には勝ちなんだ、という考え方が好きでないからである。

それは逆に、取れる利益なら、どんなごり押しをしても取るぞ、というクレーマーの卑しさに通じている。

生きることは闘いである、といえばいえる。しかし試合のような明確な敵はいない。闘いではあっても、勝ち負けはない。明日の自分は今日の自分に勝つ、なんてシャレたことはいってもつまらないが、問題はやはり生き方である。

内田篤人選手はゴミを拾う

今年（二〇一七年）、内田篤人選手は、ブンデスリーガ一部のシャルケ04から、活路を求めて二部のウニオン・ベルリンに移籍した。かれは若いのに、独自で独特な考えを持った選手である。

賑やかなことが若さの特権と思っている若者が多いなかで、「目立つことが好きではありません。人が多いところは苦手ですし、周囲に騒がれたりすることもあまり得意ではありません」という。

だれもわたしのことをわかってくれない、という人は多いが、内田は「自分の考えを人に知られるのも、好きではありません」といい、「僕はストレスをひとりで抱え込んでもみ消そうとするタイプ」といっている（前掲書『僕は自分が見たことしか信じない』）。

ところが内田篤人は、明確な「勝てばいい派」である。「ファンの方が、日本らしいサッカーとか、いいサッカーとか、見ていておもしろいサッカーとか、いろいろ求めるのはわかる」と理解を示しつつも、「でも、選手から見れば、どういう形でもいいから、勝ちゃいいんだ。勝ちゃ、評価される。逆に勝たなければ評価もされない」と断言している。

これはサッカーを、魂をかけた仕事としている選手の凄みであろう。

しかし内田といえども、チームが勝っても、自分が活躍できていなければ素直には喜べないはずである。それに、内田篤人は元々怯懦《きょうだ》なプレイをするような選手ではない。果敢な選手である。

次の言葉がそのことを示している。「僕はプレッシャーを受けても安全なパスではなくて、逆に突破口を開くようなパスを狙っている」。内田篤人の考えは内田のものとして尊重するが、わたしの勝ち負けに対する見方は変わらない。

内田篤人は「物欲はほとんどない」という。とても現代の若者とは思えない。「結婚するとしても、できちゃった婚はなし」。なぜなら「親御さんが何十年間もかけて、大事に育ててきた娘さんを、できちゃいました、だから結婚させてください、とは言えない」し、「僕が親だったらイヤだから」「それだけはしない」。

かれは自分がすることとしないことをはっきりとわかっている。他人の思惑は関係がない。それだけ自分の強さを持っている。内田が魅力的なのは、かれ自身の流儀（価値観）を明確に持っているところである。

「僕はブログもツイッターもやらない。何を書いたらいいか分からないし、書きたいとも思わない」「僕は恩師の梅田（和男）先生から『茶髪にだけはするなよ』と言われたから、それを裏切るようなことはしないと決めている」「髪の色ですべてを断じることはできないけれど、サッカーに対する比重というか姿勢が、すこしは髪の色に表れていてもおかしくはないというのが、僕の答」

あるいは言葉に関して、こういうこともいっている。「いつでも僕は自分の言葉で話すようにしている」「ありきたりな、上っ面だけの言葉では人に伝わらないし、相手に失礼だと思う」

もう七十になったわたしが、この青年は偉いなあと驚いてしまった。世の利己的な大人は恥を知ったほうがいい。

するかしないか、について、曽野綾子は、わたしが考えていることと、まったくおなじことをいっている。わたしのいいたいことは、曽野のいうこの一言に尽きている。「人がするからいい、のではないのである。人がしてもしないし、人がしなくてもする、というのが勇気であり、品位である、と私は教えられた。しかしそういう教育をしてくれる人に出会うことはめったになくなった」（前掲書）。

これができれば、だれにとってもいいことではないか。しかし、もちろんそう簡単なことではない。仲間からの誘いひとつ断るのにも、エネルギーが必要である。人が倒れていても、声ひとつかけるのが難しいではないか。内田篤人選手は、それができる人間のような気がする。

例えば、目の前にゴミが落ちている。めんどくさいなと思っても、放っておけない。見て見ぬふりもできない。

そういうときはゴミを拾って、捨てる。なぜなら、僕の感覚として、良いことをしたらそれが還ってくる気がするから。逆に拾わなければ、悪いことが降りかかってきそうな気もする。根拠はないけれど、そういう些細なことの積み重ねが幸運を導いてくれることもあるかもしれない。

（前掲書）

そんなことで「良いこと」が来るわけないじゃないか、くだらん、それに動機が不純だしな、と鼻で笑うような人間より、内田篤人のほうが当然、何倍も人間が上等である。「めんどくさいなと思っても、放っておけない」というのは、もうそのような考えが身体《からだ》に染みついているからであろう。だれがしようとしまいと、自分はするのである。

香川県議会の議員たちが海外視察と称してヨーロッパに物見遊山に出かけた。ばっちり映像に撮られた。それを追及されると、視察団の団長は不貞腐れた。こういう連中が地方の名士なのである。

かれらはほんとうに懲りない。中央の国会議員だけではなく、うまい汁を吸うことにかけては、地方の県市町村会議員も変わりはしない。そんな連中に地方分権など任せて大丈夫なのか。どうせ中央だってだめなんだから、おなじことか。

議員のみならず、勝手に手当てをつけまくっては、税金を掠《かす》めて私服を肥やしている中央・地方の役人たち――みんながするからおれもする、昔からやっているから今もする、の薄汚い連中――に、内田篤人の爪の垢《あか》を煎じて飲めといいたくなる。私服を肥やしている証拠があるのかといわれるなら、自分で出せよ、といえばいい。あなた方自身が証拠だろう。

もう法律や権利意識がつくられた時点で、人間は人間自身に敗北しているのである。六法全書のあの分厚さは尋常ではない。人間の敗北の書である。

「法律に違反していない」という弁解のしかたも気に入らない。人間の行動の是非を測る基準が、唯一法律になっているのである。言い訳をする連中は、「法律にふれることは一切していない」と嘯《うそぶ》く。こんな人間に、卑怯だなんだといっても堪《こた》えはしないのである。

権利と鼻くそはどこにでもくっつくといわんばかりに、なんでも権利を主張する人間がうっとうしい。「客の権利」として、どんな理不尽なことをいっても許されると思っているバカも多い。こんな連中につける薬はない。

「自分はしない・する」勇気

この見出しが『嫌われる勇気』（ダイヤモンド社）からの転用であることはいうまでもない。著者の岸見一郎氏と古賀史健《ふみたけ》氏、および同編集部にお断わりしておきたい。

どうして人は、なんでもしたがり、見たがり、食べたがり、行きたがり、集まりたがるのか。わたしはピコ太郎など、テレビで報じられるまでまったく知らなかった。知ったときには、かれの動画がすでに再生回数一億回を超えていたということで、どうして人はそんな動画（情報）にたどり着くのか、不思議でならなかった。

人間のさまざまな欲求が生じる原因は、別に日々の生活がつまらないからではないのだろう。それらの欲求を総合すると「楽しみたい」という一語に集約できると思われるが、人は日々の生活以上のなにかを「楽しみたがって」いるのか。あるいは「得をしたい」のか。なにかを「変えたい」なのか。

マスコミから与えられる情報だけでは満足せず、自らの意志で食べ物や催事などの新しい情報を探し求めている人もいる。しかし、自分の意志で行動しているように見えても、マスコミの誘導に乗っているのとおなじで、「楽しそう」に鼻面を引きずり回されているようにしか見えない。

わたしはそのことが気に入らない。食いつくのも好きではないが、食いつかされるのもご免である。いいように手もなくひねられている、という感じがするではないか。しかし、人々はそうではないらしい。むしろ嬉々としている。そしてかれらは圧倒的多数である。

おまえはわけのわからん理屈でごちゃごちゃいっているが、それは自分で自分を「しばって」いることにはならないのか、といわれるかもしれない。ただの堅苦しい偏屈者だよ、こんなやつとは友だちになりたくないな、と。

食べ物に上下はない、しかし「すること」には品性がある。わたしが「しない」というのは、意志として「しない」ことと、したくてもできないから（あるいは、したくないから）「しない」というのがある。

一例を挙げると、わたしはわざとらしくはしゃいだり、盛り上がったりすることができない。性格である。できないというのは、好きでないからである。「むりやり」が嫌なのだ。

ようするに、わたしの「しない」は、したくないことを「しない」だけである。わたしにとってそれは、自由で気楽なことなのである。六十を過ぎてから、このことがほとんど実現できるようになった。

「しない」ことはひとりでもできることがあるが、人と関わることもかなりある。その関わりが六十を過ぎてほぼなくなったのである。こんな日が来ようとは、勤めはじめた頃は夢にも思わなかった。

この社会には余計な「しばり」が多すぎる。わたしにとっていい社会とは、どんなにエゴイスティックに聞こえようとも、個人の「したくないこと」を可能なかぎり許容できるような社会である。つまり、個人の領域に関することは、ほっといてもらいたいのだ。といって、わたしはリバータリアン（完全自由主義者）ではない。

自分が意志して「しないこと」は、登山家の竹内洋岳《ひろたか》がいう「自分にフェアでなければならない」と似ているかもしれない。

竹内はこういっている。「登山は審判もルールブックもないスポーツです。（略）それゆえにすごく自由、そして、誰もが楽しめるスポーツだと思うんです」。登山には初心者もベテランもない。それゆえ「山の中に立ち入れば、自ずとフェアな世界なんですよ。だからこそ登山をスポーツとして考えるとき、フェアにやるしかないんです」。

つまりこういうことだ。「山の頂上に審判が待ち構えていて、登頂を果たしたかジャッジしているわけではありません。そこには誰もいません。だからこそ自分にフェアでなければ、成立しないのです」(小林紀晴『だからこそ、自分にフェアでなければならない。プロ登山家・竹内洋岳のルール』幻冬舎文庫)。

この言葉に、竹内洋岳という人間の流儀というか、本質が表れていると思う。竹内洋岳は二〇〇七年、ガッシャブルムⅡ峰で雪崩に遭い、九死に一生を得た。事故から十一ヵ月後、かれはおなじ山を目指した。

「自分の足で登って自分の足で下りてくる。これが私の登山の絶対的なルールです」。しかし雪崩の事故のときは、自分の足で下りていない。ということは本来そこで死んでいなければならない。「それが死にもせずに、自分の足で下りてきてもいない。それは、やはり私がやってる登山においては、もう許しえないことなんですね」

だったらまたその遭難地点にまで行って「下り直して」こなければならない。だからそれは「登るための登山ではなく、下るための登山でした」。そうしなければ「自分が生きていることの説明がつかないんです」。

これは竹内が自分に課した「格律」であり、独特の自己ルールである。「格律」には、善悪、好悪、美醜がある。人はしても自分はしない、の理由に、美しくないことはしない、と書こうと思ったが、自分で自分は美しいことをする人間だ、といっているようで、自主規制をした。

ところが竹内洋岳には、そんな嫌らしさがなく、あっさりとこういっているのである。

「常々、美しい山登りということを考えています。具体的にいうと、細部までいかにこだわるかということです。それが最大の面白さだと思います」「私は登山によって、どこまで自分が思う美しいものを自分でうまく作り上げていけるか、それを面白がっているんだと思います」

いや、竹内さん。かたじけない。「美しい山登り」は、美しい生き方、といってもいいのだろう。

TBS「クレイジージャーニー」（二〇一五・八・二七）での竹内洋岳はユーモアがあって、飄々《ひょうひょう》という形容はかれのためにあるのでは、と思わせる姿であった。この録画をわたしは何度観たことか。

世界八千メートル峰全十四座登頂を「すごいことではない」と言い切る。話を聴いていた小池栄子は「すごいな。全然理解できないや」と絶句。松本人志は「うわわわ、最悪!」「考えられないね、この人のやっていること考えていることが」と驚愕し、設楽統《したらおさむ》は「じゃ（山に）行かなきゃいい」と困惑。

竹内洋岳は「本来、山はひとつしかない」、「けっして山は高さではない。一つひとつの山が持つ個性」と明確である。

羨ましい人である。こういう人がこの日本にいることは、勇気づけられる。「勇気（元気）をもらった」とはいわない。考え方が本質的で自由である。竹内洋岳も「登山というのは本来楽しいはずで、楽しいからやっているんです」といっている（塩野米松（聞き書き）『初代 竹内洋岳に聞く』ちくま文庫）。

この「楽しい」が、薄っぺらには感じられない。他方に「格律」を持っているからだと思われる。

あとがき

以前、丸山眞男《まさお》の『後衛の位置から——「現代政治の思想と行動」追補——』（未来社）という本を持っていた。買っただけで満足し、一行も読むことなく、長年本棚のなかで眠りつづけ、その後、古本屋行きとなった。

最近、「後衛」という言葉が頭に浮かぶようになり、そういえば丸山にそんなタイトルの本があったなと思い出した。あの丸山眞男が、「後衛」ということをどう考えていたのだろう、と気になったのだ。

そこでアマゾンの古書市場で買い戻した。てっきり表題とおなじ「後衛の位置から」という論文が収録されているものだと思った。しかし、ない。あるのは憲法九条に関する論文と日本の知識人論だけである。

そうか、その両論文のどこかに、憲法九条は理想的憲法の最後衛（最前衛という考え方もあろうが）に位置する法である、とか、日本の知識人はもはや前衛ではなく、大衆の後衛に位置すべき人間である、みたいなことが書かれているのではないか、と考え、もしそうなら、それはそれでいい考えではないか、と思って、両論文を読んでみたのだが、「後衛」の「こ」の字も出てこないのである。あれれ、と思った。するると、「著者あとがき」にこんなことが書いてある。

この本のタイトルをなににしようかと考えたときに、なんとか「三、四の題名をひねり出し、そのなかから未来社が選んだのが『後衛の位置から』である。それでも著者の感じでは何か身構えが大仰すぎるが、その解釈は読者の想像に委ねる」と。つまり、そのタイトルの意味は読者各自が考えてください、ということだ。

そりゃないだろ、委ねられても困る、と思ったが、さらにこんな思わせぶりなことが書き添えられている。

最近のサッカーは以前とは違って「格段に機動性を増し、フルバックがフォワードにすばやく入れ替わって攻撃をかけることさえも、珍プレイではなくなったようである」

もはや昔の固定観念ではやっていけない。守備をするための後衛は機に応じて前衛に上がり、前衛も前線でのほほんとしているのではなく、後衛に下がる必要がある、ということか。よくわからない。「読者の想像」なんかに任せてほしくなかったよ。

わたしの考えでは、後衛はサッカーでいえば、DF（ディフェンダー）ではなくGK（ゴールキーパー）である。家庭でいえば、母親である。個人の考えでいえば、背水の陣である。最終ラインで守る人間や考えのこと、である。

いまの世の中を見ていると（どの時代でもおなじかもしれないが）、おれが正しい、おれが引っ張る、夢を持て、楽しい人生を送らなければ損だぞ、と前衛に出たがっている人間だけが幅を利かせ、マスコミもそれに喝采する。

むろん、それは悪いことではない。それが他人を支配しなければ、また自分自身を掘り崩さなければ、いいことだといってもいい。ただそれだけではまずい。聞き飽きたわ、という気もする。そんなことよりも、まだ大丈夫だ、いざとなったらあそこまで下がることができる、という場所があったほうが、気が楽ではないかと思う。

結局、わたしが生きてきたのは、そんな場所だったのではないか、という気がするのである。それが、目立たず、無名で、だれもが生きられる「ふつう」という場所だったのかもしれない。しばられず、しばらず。する自由があり、しない自由がある。これ以上に「ふつう」のことが他にあるだろうか。

ではその「ふつう」という後衛の場所で、いったいなにを「衛」っているのか。そこはけっして無力で寂しくてみじめな場所ではない、むしろ本来の人間のあるべき姿、価値ある場所であるという考えを「衛」っている。

そんな場所があったほうが「気が楽」と書いた。考えそのものは「楽」だが、すべての「殿軍《しんがり》」がそうであるように、そこで生き抜くことはけっして楽なことばかりではない。それなりの孤独があり、寂寥《せきりょう》があり、不快があるだろう。苦しみもある。だがそれは、どこで生きても、「生老病死」のなかの「生」じたいが強いてくる厳しさであるから、受け入れるほかはない。

なにからなにまで気楽で自由、というわけにはいかない。当然である。しかしそんななかでも、自分だけの「意味」を持って生きていくことができるなら十分である。それがひとりの人間が望みうる最大の気楽さであり自由である。「贅」などいらない。むしろ邪魔である。

勢古浩爾

新書版あとがき

近年、「定年」は多くの論者にこねくりまわされて、楽天的かさもなくば悲観的な、硬軟二様の幻想に包まれている。単純にいえば、こういうことだ。

ひとつは、「さあ、これからが第二の人生だ。いや、第二の青春だ。大いに楽しもうではないか」という無駄に明るいものである。

なにしろいまや「人生一〇〇年時代」だ。あと四十年もあるから、やりたいことは大いにやろう。夢をもつのに遅すぎるということはないのだから、というものだ。

もうひとつはその反対。定年は厳しいよ。定年格差というものがあるから、定年以前から準備をしておくことです。老後資金は公的年金のほかに二千万円が必要だ、いざとなって慌てても遅いですよ、とやんわり脅かしてくる。

その上にこういうこともある。現在、認知症の人は約六〇〇万人、これが二〇二五年には七〇〇万人になり、高齢者の五人に一人がなるといわれている。認知症になったり健康を損ねたら、定年格差もへちまもないからね。

このふたつの見解は、まったく無根拠というわけではない（そこがミソだ）。しかし定年を迎える大半の人にとっては、から騒ぎの幻想と不安の幻想にすぎない。

つまりあなたにとって、完全に無関係ではないが、真剣にあるいは深刻に考える事態ではまったくない。また考えたとしても、なにをどうできるわけでもない。

おれに可能性があるとしたらまあ後者だろうな、前者はまったく実感がわかないな、という人が多いのではないかと思う。「なんだよ第二の青春って？　第一の青春だってあったかどうかも怪しいのに」と。

それにいまさら、あと二千万円必要だ、五人に一人は認知症だ、と脅迫されてもなあ。ふたつとも、どうしようもないではないか。

から騒ぎ幻想のなかにも、不安幻想のなかにも、あなたはいない。すなわち、すべての定年本のなかにあなたのことは書かれていないのである。

あたりまえである。あなたのことはあなた以外にだれも知らないのだから。つまり現実のあなたは、あなた自身の環境と生活以外にはない。

まして、あなたは統計でも平均値でもない。平均寿命や定年退職者の資産状況や各種の統計は、あなたにとってなんの意味もないものである。そこに自分と共通する多少の「定年あるある」を見つけて、ホッとしてもしようがないのである。現実のあなたは、世界にひとりだけのあなた自身のことである。

こんなことはわたしが一々指摘するまでもなく、だれもがわかっている。わかってはいるが、人間は全知ではない。もしかしたら自分の知らない大事なことが、あるいは知っておいて損にならないことが、定年に関してあるのかもしれない。

そう思ってしまうのは人情である。しかしそこが敵につけいられる隙だ。このような心配もまた、未知のすごい知識があるかもしれない妄想、自分だけ損をしているのではないか妄想、にほかならない。

本書を読み返して印象深く感じたことは、いまさらながら、すべては移ろいゆくのだなあ、という感慨である。本書の元本は二〇一七年に出版されたが、六年前に話題に上がっていたことが、いまではことごとく忘却の彼方である。

本書では、サッカーの森岡亮太選手にふれているが、わたしが当時注目していた選手である（テニスの杉田祐一選手も）。当時、ベルギー一部のワースラント＝ベフェレンに所属していたが、今では名前を聞くこともない。ちなみにカタール大会で大ブレイクした三苫《みとま》薫選手は、二〇一七年当時はまだ筑波大学の二年生だ。

ざっと二〇一七年がどういう年だったか、振り返ってみよう。知ってみると、ああこういうことがあったなあと思い出すだろう。

前半の半年は、稀勢《きせ》の里が初優勝、トランプ大統領就任、プレミアムフライデー開始、籠池《かごいけ》氏森友《もりとも》学園問題で証人喚問、栃木で高校生ら八人が雪崩で死亡、韓国セウォル号沈没、ロシア地下鉄テロ、パリで銃撃テロ、浅田真央引退、眞子さま婚約、マクロン氏仏大統領就任、ジャカルタで自爆テロ、佐藤琢磨《たくま》インディ500初優勝、藤井聡太《そうた》四段の二九連勝などがあった。

こうして見てみると、プレミアムフライデーはばかみたいだし、トランプもいまではただの人で、藤井聡太君はいまや九段で、五冠のタイトルホルダーである。時はたしかに過ぎてゆく。数多くの悲劇もニュースとしては過ぎてしまった。

後半は、大田昌秀《まさひで》氏死去、野際陽子氏死去、香港民主派大規模デモ、日野原重明氏死去、日ロ首脳会談があり、桐生祥秀《よしひで》君の九秒九八の日本新が出ている。米ラスベガスで乱射五八人死亡、カズオ・イシグロ氏ノーベル文学賞受賞、エジプトのモスク襲撃で三百人以上死亡、大谷翔平《しょうへい》のエンゼルス入団、直木賞作家葉室麟《はむろりん》氏死去、などがあった。

わずか五、六年でも、日本も世界も変わるものである。香港はいまでは中国の圧政下にあり、日ロ首脳会談などは夢のまた夢である。イラクやシリアやアフガニスタンでの大規模テロが減少したと思ったら、現在はロシアのウクライナ侵略である。

こういうことをすべてまとめたものが、日本史年表であり世界史年表である。その一つひとつの出来事には大いなる感情がこめられているものだが、歴史になるとたった一行の単なる記述になってしまう。

その時々で流された人々の涙も、苦痛も、悲嘆も、もちろん笑顔も、歓喜も、時は飲み込んでいく。わたしたちはその歴史と無関係に生きていくことはできない。多かれ少なかれ影響を受けずにはいられない。

一人ひとりの個人が生きるのは、それに比べるなら、微々たる時間である。微々たる感情である。けれどそれがその人にとっては、あるいはその人の家族にとっては、日本史にも世界史にも匹敵する（あるいはそれ以上の）時間であり、感情である。

たかが定年である。されど、はない。それもまた過ぎていく。現在のわたしは定年からすでに十五年も過ぎている。当時考えていたことは、すべて霧消《むしょう》した。好きに生きればいいのである。いや、したいように生きればいい。なるようになる。それでいいではないか。

二〇二三年（令和五年）二月

勢古浩爾

N新書
044

脱《だつ》定《てい》年《ねん》幻《げん》想《そう》

2023年2月11日　初版第1刷発行

著　者　勢古浩爾《せここうじ》
発行人　山口康夫
発　行　株式会社エムディエヌコーポレーション
〒101-0051　東京都千代田区神田神保町一丁目105番地
https://books.MdN.co.jp/
発　売　株式会社インプレス
〒101-0051　東京都千代田区神田神保町一丁目105番地
装丁者　前橋隆道
DTP　株式会社三協美術
印刷・製本　中央精版印刷株式会社

カスタマーセンター
万一、落丁・乱丁などがございましたら、送料小社負担にてお取り替えいたします。
お手数ですが、カスタマーセンターまでご返送ください。

落丁・乱丁本などのご返送先
〒101-0051　東京都千代田区神田神保町一丁目105番地
株式会社エムディエヌコーポレーション　カスタマーセンター　TEL：03-4334-2915

書店・販売店のご注文受付
株式会社インプレス　受注センター　TEL：048-449-8040／FAX：048-449-8041

内容に関するお問い合わせ先
株式会社エムディエヌコーポレーション　カスタマーセンターメール窓口 info@MdN.co.jp
本書の内容に関するご質問は、Eメールのみの受付となります。メールの件名は
「脱定年幻想　質問係」としてください。電話やFAX、郵便でのご質問にはお答えできません。

Editor 河西 泰

ISBN978-4-295-20501-2